*W. HARBURGER*

# GLEITENDE WÄHRUNG

MIT EINEM THEORETISCHEN ANHANG
DIE VERSICHERUNG GEGEN
GELDENTWERTUNG

MÜNCHEN UND LEIPZIG
VERLAG VON DUNCKER & HUMBLOT
1923

**Alle Rechte vorbehalten.**

Altenburg
Pierersche Hofbuchdruckerei
Stephan Geibel & Co.

# Inhalt.

| | Seite |
|---|---|
| 1. Staatsbanknote oder Staatsbankrott? | 5 |
| 2. Der Staat ohne Steuern | 8 |
| 3. Die gleitende Währung | 10 |
| 4. Die Grundlagen der gleitenden Währung | 15 |
| 5. Das Invarianzprinzip | 17 |
| 6. Die Schraube ohne Ende und das Gleichnis vom Hasen und der Schildkröte | 18 |
| 7. Das Rechnen mit Kaufeinheiten | 22 |
| 8. Die Vermeidung der Nachteile einer ungeregelten Geldvermehrung | 24 |
| 9. Die technische Anwendung und die politischen Folgen der variablen Währung | 27 |

## Theoretischer Anhang.
### Die Versicherung gegen Geldentwertung.

| | |
|---|---|
| Bezeichnungen | 31 |
| 1. Umsatzgleichung (niedere Quantitätstheorie) | 33 |
| 2. Das Invarianzprinzip (höhere Quantitätstheorie) | 33 |
|     Die Paradoxie vom Hasen und der Schildkröte | 34 |
| 3. Die stetige Inflation | 36 |
| 4. Korrektur durch die Amortisationsrate | 37 |
| 5. Einfluß auf Gütermenge und Scheckgeld | 38 |
| 6. Einfluß des Bevölkerungszuwachses | 41 |
| 7. Die Ausgleichung der Beschleunigung | 43 |
|     a) Methode des invarianten Gesamtumsatzes | 44 |
|        Einfluß der Bevölkerungsvermehrung auf Zinsfuß und Umlaufsziffer | 42 |
|     b) Methode der willkürlichen Zinsvariation | 43 |
|     c) Methode der mittleren Beschleunigung | 45 |
| 8. Komplexe Ausgleichung | 48 |
| 9. Tropfenförmige Inflation | 52 |
| 10. Ausgleichung durch Barauszahlung der Umlaufsverluste | 57 |
| 11. Automatische Regelung des Umlaufs durch Reservenbildung | 59 |
| 12. Die Vermeidung der Preisunstetigkeiten und der Einkommenspannungen | 62 |
| 13. Kontrolle der Formeln durch die Statistik. (Das Invarianzprinzip bei regelloser Geldentwertung) | 66 |
| 14. Wirtschaftskreis und Valuta. Erklärung einiger Anomalien | 75 |

## Vorwort.

Als vor vier Jahren der Verfasser zum erstenmal die Gedankenketten einer planmäßigen Inflation (Geldvermehrung — Geldentwertung und deren automatische sofortige und allgemeine Ausgleichung durch Zuschläge) entwickelte, erschienen diese allzu phantastisch. Nachdem nun aber vier Jahre wilder Inflation hinter uns liegen, und die vorliegende Schrift, nicht mehr auf abstrakte Prophezeiungen angewiesen, an allerbekannteste Erfahrungen anküpfen kann, droht ihr der umgekehrte Vorwurf, daß sie nichts Neues bringe. Daß sie vielmehr ein System beschreibe und verteidige, dessen Unhaltbarkeit immer offenkundiger werde und dessen Zusammenbruch in nicht ferner Zeit zu erwarten sei. — Anstatt daß das Eintreffen vieler damals vorhergesagter Folgen der Geldvermehrung auch als Zeuge für die Richtigkeit der (nicht befolgten) Vorschläge genommen würde, welche die mittlerweile eingetretenen Mißstände der w i l d e n Inflation verhüten sollten, werden also diese Mißstände auch als Folgen der p l a n m ä ß i g e n Inflation dagegen ausgespielt werden, während man das Zutreffende als lediglich aus der platten Erfahrung abgeschrieben übersieht. Es ist dies freilich nichts anders, als wenn der katastrophale Verlauf einer Krankheit bei Nichtbefolgung der ärztlichen Ratschläge als Beweis gegen die medizinische Theorie der Heilbarkeit dieser Krankheit angesehen würde.

Gegen dieses Mißverständnis einer Gleichsetzung von wilder und planmäßiger Inflation sollen gleich eingangs die wichtigsten Unterschiede beider betont werden. — Worunter wir heute leiden, ist vor allen Dingen das Fehlen eines sicheren Rechenmaßstabs, sei es in Form einer stabilen Währung, der gegenüber alle Preise usw. konstant bleiben, sei es in Form einer allgemeingültigen Skala, nach der alle Preise usw. gleichmäßig steigen sollen. Die Schaffung einer solchen Skala war aber mit der Grundgedanke der planmäßigen Inflation: es soll aus den Bedingungen der Inflation von vornherein eine Tabelle errechnet werden der Zuschläge, die als gleitende Währung a l l e n Zahlungsverpflichtungen zugrunde zu legen ist. Inwieweit dies theoretisch möglich ist, hat der theoretische Anhang dieser Schrift nachzuweisen; und inwieweit sich die Theorie mit der Praxis deckt, lehrt der statistische Nachweis des Anhangs. — Der weitere, fast noch katastrophalere Mißstand der gegenwärtigen Wirtschaft ist der, daß das jetzige Papiergeld seine Eigenschaft als Wertbewahrer (Sparmittel) verloren hat. Ein in der Tasche zerschmelzendes Geld will niemand besitzen; auf diese Weise kommt es zur „Markflucht" und unmäßiges Steigen fremder (nichtentwertender) Valuten ist die Folge. — Auch gegen diese Entwicklung war ein Gegengift vorgesehen: Deponierung nicht verausgabter Geldmengen bei der Staatsbank sollte diesem Papiergeld bei Wiederentnahme die Zuschläge nach eben derselben Skala sichern. Hierüber findet sich ein eigenes Kapitel bei der Untersuchung der Umlaufsbeschleunigung. Dieses Kapitel ist im Augenblick, da die Deckungs- und Stabilisierungsfragen (Goldschatzanweisungen usw.) im Vordergrund des Interesses stehen, das aktuellste. Denn alles Drängen nach dem Goldwert geschieht nicht wegen des schönen gelben Materials wegen, sondern um ein stabiles, wertbeständiges Zahlungsmittel zu haben.

Ob das Währungsproblem mit den hier entwickelten mathematischen Methoden erschöpfend zu behandeln ist: zu dieser Entscheidung bedarf es eines gründlichen Studiums des theoretischen Teils. (Doch ist für den allgemeinen Leser, der nur eine Orientierung wünscht über die Richtung, in der die Lösung liegt, der allgemeine Teil ausreichend.) Über diese Grundfrage bestehen ebenfalls einige Mißverständnisse. Man behauptet z. B., daß das Wirtschaftsleben nicht bloß von der Geldseite betrachtet werden dürfe, sondern daß auch die Produktionsverhältnisse usw. einen entscheidenden Einfluß darauf ausüben. Das ist prinzipiell richtig. Es trifft nur hier nicht den Kern der Sache, weil die Währungsfrage nicht die Frage nach der Regulierung der ganzen Wirtschaft schlechthin ist. Störungen des wirtschaftlichen Gleichgewichts von der Produktions- bzw. Handelsseite her ist auch eine stabile Währung (Goldwährung z. B.) ausgesetzt, ebenso wie eine gleitende. Wir dürfen also nur Währung gegen Währung vergleichen und nicht von der gleitenden verlangen, daß sie alle erdenkbaren wirtschaftlichen Probleme löse, was von der stabilen zu verlangen uns nie einfällt. Was wir verlangen dürfen ist, daß jene alle Funktionen dieser ebenfalls erfülle (womöglich noch besser); daß sie physikalisch gesprochen der Wirtschaft gegenüber ebenso invariant sei (wenn möglich eine absolute Invariante) wie die stabile. Darüber hinaus zeigt aber die statistische Erfahrung, daß in einer störungsfreien Wirtschaft die entwickelten mathematischen Gesetze befolgt werden; daß also eine Regulierung der Währung im allgemeinen auch die Regulierung der Wirtschaft überhaupt bedeutet.

Es wird also nicht bestritten, daß Störungen eintreten könnten, welche eine Währung überhaupt (nicht bloß die gleitende) unmöglich machen. Ich sage nur, daß in der Wirklichkeit im allgemeinen die Störungen nicht den Umfang annehmen, an den diese Theoretiker denken. Als vor hundert Jahren die erste Lokomotive ihre Probefahrt antreten sollte, meinten die Gegner, sie wäre ja theoretisch sehr schön ersonnen, aber sie könnte in Praxi nicht vom Flecke kommen, weil wegen der Glätte der Schienen die Räder nicht angreifen könnten und deshalb leer umgehen müßten. Das war gar nicht so dumm, denn bei starker Vereisung z. B. kann man dieses Leerlaufen leicht beobachten. Nur haben die (theoretisierenden) Gegner gegenüber dem (ebenfalls theoretisierenden) Erfinder den Störungskoeffizienten (die Glätte der Schienen und Räder) im allgemeinen überschätzt; die Erfahrung (das Experiment) hat ihn auf das richtige Maß zurückgeführt.

Ähnlich verhält es sich auch mit dem Einwurf, das die psychologischen Momente nicht genügend berücksichtigt seien. Gewiß, wenn man die menschliche Natur für gänzlich willkürlich und unberechenbar hält, so ist zuzugeben, daß plötzliche Massenlaunen, Paniken usw. alle schönen theoretischen Berechnungen über den Haufen werfen können. Aber es läßt sich wiederum aus der Erfahrung (Statistik) ablesen, daß das wirtschaftliche Individuum nicht völlig unberechenbar ist, sondern ähnlichen Gesetzen folgt, wie ein Molekül in einem Gas, nämlich denen des hier entwickelten Invarianzprinzips. (Strenggenommen sind wir auch bei Molekülen nicht vor solchen Eigenwilligkeiten sicher; wir können auch niemals mit apodiktischer Gewißheit sagen, daß die Planetenbewegungen z. B. immer nach den Keplerschen Gesetzen gehen müssen und es könnten unerklärliche Änderungen der thermodynamischen Gesetze eintreten, die alle Dampfkessel explodieren lassen. Aber das ist ein Stück Erkenntnistheorie.) — Auch die psychologischen Einflüsse werden nicht geleugnet; es läßt sich nur über sie sagen, daß sie erfahrungsgemäß einen ziemlich begrenzten Spielraum haben und die allgemeine Gesetzmäßigkeit (die eben nur als ein Näherungswert innerhalb gewisser Genauigkeitsgrenzen aufzufassen ist) nicht stärker zu stören vermögen, als ein in schwerer Dünung gehendes Meer durch die kleinen Wellen einer auflebenden frischen Brise gestört wird. Für die Erfordernisse der Praxis können dabei diese sekundären Abweichungen im allgemeinen vernachlässigt werden; außerdem ist ja auch die stabile Währung denselben Einflüssen unterworfen.

Nun könnten wohl auch die Erfahrungen, die Statistiken, irreführend sein, die den Prüfstein abgeben für die Übereinstimmung der a priori entwickelten Theorie mit der Praxis. — Es ist richtig, mit Statistik läßt sich schließlich alles beweisen, jede Statistik ist mehr oder minder „frisiert" und bewußt oder unbewußt korrigiert jeder das vorliegende Zahlenmaterial etwas zugunsten dessen, was er beweisen will. Aber die hier herangezogenen Statistiken stammen aus einer ganz andern Quelle als die vorgetragene Theorie, sie gehen nicht auf denselben Autor zurück und sind nach ganz andern Methoden, nicht a priori, sondern experimentell und zu andern Zwecken aufgestellt; und mit voller Absicht habe ich an ihnen nicht mehr geändert, als daß ich neben ihnen noch die „unfrisierten" Zahlen angeführt habe, deren Korrektur die betreffende Quelle selbst angibt und die sogar die fraglichen Gesetzmäßigkeiten noch besser erkennen lassen. Dies erscheint mir beweiskräftiger, als wenn man auf eigene Faust mit einer vorgefaßten Meinung vorgeht — jeder Forscher hat ein Leitziel, auf das er lossteuert —, und dabei der Gefahr, zu frisieren, unwillkürlich doch unterliegt. Auf diese Weise stützen sich die beiden Methoden durch das übereinstimmende Resultat gegenseitig, und es wird ein größerer gemeinsamer (inverser) Fehler ebenso unwahrscheinlich, als er es ist, wenn zwei Geometer unabhängig voneinander die Entfernung nach einem Punkt bei den Antipoden, der eine über die östliche, der andere über die westliche Halbkugel ausmessen und dabei in ihrem Resultat übereinstimmen. Freilich ist ein inverser Fehler auch hier nicht ausgeschlossen, aber dieser Mangel haftet jedem menschlichen Wissen an, insofern es Stückwerk ist und bleibt und, strenggenommen, nie Tatsachen, sondern immer nur mehr oder weniger vollkommene Abstraktionen gibt.

Schließlich wurde auch die Frage nach der Kausalität aufs Tapet gebracht. Die Geldvermehrung soll nicht die letzte Ursache sein, sondern die Inflation sei eine Folge von wirtschaftlichen und politischen Umständen und Schwierigkeiten. Auch das kann richtig sein und ist gegenwärtig zweifellos richtig; nur liegt hier das Mißverständnis in der Verwechslung von Funktion und Kausalität und von mittelbarer und unmittelbarer Ursache. Gewiß hat jetzt die Inflation ihren Anlaß in dem Versiegen anderer Einnahmequellen bzw. in der Unmöglichkeit übergroßen Verpflichtungen auf üblichem Wege nachzukommen; das ändert aber nichts daran, daß die Geldentwertung u n m i t t e l b a r auf die Inflation zurückgeht; genauer: in einem mathematischen Funktionsverhältnis zu ihr steht. Ist es nun nicht möglich, die m i t t e l b a r e Ursache zu beseitigen, so spricht dies nicht dagegen, die u n m i t t e l b a r e (die Inflation) so zu behandeln, daß die besprochenen Mißstände vermieden werden.

Es handelt sich hier überhaupt nicht darum, akademische Untersuchungen über die Kausalität oder über die Zuständigkeit mathematischer Methoden zu pflegen, sondern darum: w a s  h a t  p r a k t i s c h  z u  g e s c h e h e n ?  H a b e n  w i r  u n t e r  d e n  g e g e n w ä r t i g e n  U m s t ä n d e n  ü b e r h a u p t  e i n e  a n d e r e  W a h l  a l s  d i e,  I n f l a t i o n  z u  t r e i b e n ? Wenn man das verneint, so verengert sich die Entscheidung abermals: Wir haben gar nicht einmal g l e i t e n d e Währung gegen s t a b i l e in Vergleich zu ziehen, sondern nur zu wählen zwischen einer w i l d e n Inflation mit deren Mißständen und einer p l a n m ä ß i g e n, die technisch so einwandfrei wie möglich gehandhabt wird. Wenn man will, faute de mieux — als Provisorium —; aber dann wenigstens auch als Provisorium konsequent und in sich folgerichtig; — und unter Berücksichtigung der exakten volkswirtschaftlichen Gesetze, wie eine Dampfmaschine aus den thermodynamischen Bedingungen der Gase errechnet wird.

M ü n c h e n, Oktober 1922.

## 1. Staatsbanknote oder Staatsbankrott?

Seinen Geldverlegenheiten dadurch zu entgehen, daß man neues Geld macht, ist eine äußerst verführerische Versuchung. Nur wenige Staaten sind ihr gegenüber standhaft geblieben. Die Vorbedingungen sind dazu überall gegeben: Jeder Staat hat schon vorher, wenn auch in gesetzmäßiger Weise, Papiergeld ausgegeben und die Banknote ist überall als Zahlungsmittel in Gebrauch; die Folgen der Geldvermehrung (und damit Geldverschlechterung) treten nicht unmittelbar ein, und wenn sie sich fühlbar machen, so ist doch jeder, durch dessen Taschen Geld kreist, an dem Fortbestehen der wirtschaftlichen Gemeinschaft interessiert, und fügt sich mit Murren in die Umstände. Der Staat gleicht so einem überschuldeten Schuldner größten Stils, den seine Gläubiger, in der Furcht, alles zu verlieren, weiter erhalten; und wie dieser unbekümmert neue Wechsel ausstellt, so druckt der Staat Papiergeld auf Papiergeld. Der Gläubiger hilft sich wie er kann; er versucht zunächst zu stoppen; hilft das nicht und steht zu viel auf dem Spiel, so versucht er, seine Verluste in seine Preise einzukalkulieren und so auf die allgemeine Wirtschaft zu verteilen. Ganz ebenso wirkt die Geldvermehrung seitens des Staates auf eine allgemeine Preissteigerung. Da Geld im allgemeinen nicht dazu da ist, gehamstert zu werden, sondern dem Zahlungsverkehr zu dienen hat, so wird, je mehr Geld durchschnittlich in der Tasche des einzelnen ist, desto mehr Neigung bei ihm bestehen, auch höhere Preise zu bezahlen, und die Kaufleute werden diese Neigung ausnützen.

Die Preiszuschläge, die zuerst etwa in irgendeiner Warengattung einsetzen, zwingen dann nach und nach die übrigen Kaufleute dazu, was sie dort mehr bezahlen müssen, durch Aufschläge auf ihre Warenpreise hereinzubringen; schließlich ist die große Masse der Konsumenten gezwungen, ihr Einkommen zu verbessern, höhere Löhne und Gehälter usw. durchzusetzen; im allgemeinen ist dann alles durchschnittlich in demselben Verhältnis gestiegen (z. B. Löhne, Gehälter, Preise auf das Zehnfache); der Kreis hat sich geschlossen, und im Grunde ist alles beim alten geblieben; es haben sich lediglich alle Zahlenausdrücke verzehnfacht. — Wenn diese Steigerung sich gleichmäßig und allgemein vollziehen würde, könnte sie ebensogut auf das Hundert- oder Tausendfache oder noch weiter gehen. Denn die Zahlenreihe ist unendlich. Es würde dann lediglich der Hunderter- bzw. Tausenderschein die Stelle von Kleingeld einnehmen, wie es denn auch schon einmal (in Brasilien mit dem Milreis = Tausend Reis) eingetreten ist. Die Erfahrung der letzten Jahre hat dies im allgemeinen bestätigt; auch die vielumstrittene Tatsache hat sich bestätigt, daß Preiserhöhung und Geldvermehrung in einem berechenbaren Abhängigkeitsverhältnis stehen [1]).

Und da die Stelle des Schuldners vom Staate, d. h. der Allgemeinheit eingenommen wird, ist es auch nicht so, daß ein einzelner Hochstapler auf Kosten der Gesellschaft ausgehalten wird; die Bedürfnisse der Allgemeinheit: Staat werden eben wieder von der Allgemeinwirtschaft bestritten. Nur so ist es zu erklären, daß die europäischen Wirtschaftswesen die Zerrüttung ihres Geldwesens überstehen konnten. Wer hätte es früher für möglich gehalten, daß 100- bis 1000-fache Preissteigerungen (und noch höhere) ohne Zusammenbruch des Wirtschaftslebens ausgehalten werden könnten?

Wenn also die heutigen Finanzwesen überhaupt noch funktionieren können, so muß das Mittel der Notenpresse im Prinzip nicht so verkehrt sein. Aber man wendet es höchst unvollkommen an. Vor allem ist die Preis- (und damit auch Lohn-) Erhöhung nicht allgemein und nicht gleichmäßig. Weite Kreise vor allem des sogenannten Mittelstandes hinken in der Entwicklung nach oder werden gar nicht von ihr ergriffen. Denn der Staat, derselbe, der die Geldverschlechterung verursacht, hält am allerzähesten an der Fiktion fest, daß das Geld seinen Wert behalten habe, daß eine Mark z. B. immer noch eine Mark sei. Nur mühsam läßt er sich dazu bewegen, seine Lohn- und Gehaltsempfänger aufzubessern, seinen Pensions- und Rentenempfängern Zu-

---

[1]) Man vergleiche hierüber auch den statistischen Anhang dieser Schrift (Seite 66—74).

schläge zu gewähren. Auf diese Weise verarmen große Kreise, die Spannung (Dyskrasie) sowohl zwischen Reichen und Armen als auch der Inlandpreise dem Weltmarktpreis gegenüber wächst, und diese Herabdrückung des mittleren Einkommenstandes bzw. der Tempoverlust, bis diese Verzögerungen eingeholt sind, schädigt die Wirtschaft des Landes. Die Erfahrung fängt schon hier an, Wirkungen zu zeitigen; schon erhebt sich die Forderung, auch den kleinen Rentnern Teuerungszuschläge zu gewähren, die die Pensionsberechtigten wie auch die Beamten, wenn auch zum Teil unzureichend, durchgesetzt haben. Schon ist bei den Gewerkschaften das Problem der gleitenden Lohnskala aufgetaucht, die automatisch den Teuerungsverhältnissen sich anpassend, die fortwährenden Lohnkämpfe (soweit sie auf Teuerung zurückgehen) ausschalten sollen. Man hat auch begonnen, Indexziffern aufzustellen, die von Fall zu Fall die Kosten des mittleren Lebensunterhaltes feststellen sollen. In kaufmännischen Kreisen wiederum werden Vorschläge gemacht, die Preise in ausländischer Valuta festzusetzen, um auf die Weise die Zuschläge zu erhalten, die die Geldentwertung ausgleichen sollen. Langsam folgt auch die Höchstpreispolitik, soweit sie noch besteht, der allgemeinen Preisbewegung; allerdings ungenügend und darum unwirksam. Andererseits strebt man gegenwärtig, die Tätigkeit der Notenpresse ganz einzustellen, um auf diese Weise wieder zu festen Preisen zu kommen.

Alle diese mühsam tastenden Versuche, die schwerfällig sich durchringenden Folgeerscheinungen der Notenproduktion, welche viel Unsicherheit und Unfrieden in das wirtschaftliche Leben bringen, würden nun gegenstandslos, wenn sie bei einer richtigen Anwendung der Notenpresse gleich von vornherein berücksichtigt würden. Statt nach Art des Vogel Strauß sich über die Folgen der Geldvermehrung wegtäuschen zu wollen, **muß der notenausgebende Staat die Zuschläge von vornherein bei der Begleichung seiner Verpflichtungen bezahlen (natürlich ebenfalls durch Notenausgabe), welche die durch diese Notenherausgabe (Geldvermehrung) bedingte Geldverschlechterung ausgleichen. Er muß ferner** sich verpflichten, jede bei ihm hinterlegte Geldsumme mit den für den betreffenden Tag gültigen Zuschlägen zurückzuzahlen. Der Fehler des gegenwärtigen Gebrauches der Notenpresse ist nicht, daß der Staat zu viel, sondern daß er zu wenig Geld ausgibt; nicht, daß die Preise, Löhne usw. zu hoch, sondern daß sie im allgemeinen zu niedrig sind. So lange also schon von dem Mittel der ungedeckten Notenausgabe Gebrauch gemacht wird, muß der Staat die entsprechenden Entschädigungen mitbezahlen und für die Verschlechterung des Geldes aufkommen, die er selbst bewirkt. Er darf nicht etwas Währung nennen, was nicht währt, sondern muß die Abweichungen von dem Währenden (der Kaufkraft) ausgleichen. Mit einem Wort, er muß wie eine Versicherungsanstalt gegen Geldentwertung und Teuerung (soweit sie von der Geldvermehrung bewirkt ist) funktionieren.

## 2. Der Staat ohne Steuern.

Die Technik und Theorie des modernen Versicherungswesens ist nun völlig den damit gestellten Aufgaben gewachsen. Sie hat schon weit schwierigere Probleme gelöst. Der theoretische Anhang dieser Schrift entwickelt die Grundzüge einer solchen Versicherung gegen Geldentwertung, die noch dazu nicht auf einen speziellen Inhaber lautet, sondern automatisch an das Geld als solches geknüpft ist und dem jeweiligen Besitzer zugute kommt, ohne daß diesem besondere Lasten auferlegt werden müßten. Denn die Allgemeinheit gebraucht das Geld als Zahlungsmittel, bezahlt bei dessen Gebrauch automatisch die Versicherungsprämie und erhält ebenso automatisch die Entschädigung ausbezahlt. Sie ist bei sich selbst versichert.

Diese Grundzüge sind auch dem Laien verständlich; wenn er der mathematischen Darlegung im Detail nicht zu folgen vermag, so ist er doch immer imstande, den Ansatz der betreffenden Formeln einzusehen. Die weitere rechnerische Behandlung ist eine mehr mechanische Aufgabe, die man ebenso dem Fachmann überläßt, wie man ihm die

## 2. Der Staat ohne Steuern.

Durchrechnung etwa einer Maschinenkonstruktion anvertraut, ohne deswegen auf die Einsicht in das Konstruktionsprinzip verzichten zu müssen. Die zahlenmäßige Ausrechnung der Konstruktion liefert in unserem Falle eine Tabelle der jeweiligen Zuschläge, die die Staatskasse bei Begleichung aller ihrer Verpflichtungen, seien es Löhne, Gehälter, Pensionen, seien es Preise, seien es Zinsen, Rückzahlungen von Guthaben, Anleihen usw. zu leisten hat. Da alle diese Ausgaben durch Notenvermehrung bestritten werden, **kann der Staat auf alle anderen Einkünfte (Steuern usw.) verzichten.** (Er kann natürlich auch nebenbei, z. B. aus sozialen Gründen, Steuern beibehalten.) Die Zuschläge, **die so allgemein wie möglich bekanntzugeben sind**, werden automatisch auch die Grundlage für die gesamte Preisbildung des Landes als gleitende Lohn- und Preisskala abgeben, da sie nicht wie die der verflossenen Höchstpreispolitik mehr oder weniger willkürlich diktiert werden, sondern auf Grund der dem Geldwesen zugrunde liegenden Gesetzmäßigkeiten freiwillig angeboten werden. Ihre allgemeine Bekanntgabe hat denselben Effekt, den auch ein nichtentwertendes Geld als Preisbildner hat: es weiß jeder, wieviel er an einen gewissen Zeitpunkt für eine Ware oder eine Leistung zu zahlen oder zu fordern hat. Was also dort durch die Währung angestrebt wird, nämlich das Währen, das Beständigsein des Geldes den zu kaufenden Gütern (Warenleistungen) gegenüber, wird hier durch die genaue Bestimmung der Zuschläge erreicht, die jeder zu fordern hat und die er von der Staatskasse, soweit sie ihm gegenüber Verpflichtungen hat, jederzeit erhält. Auch dieses hat also die Wirkung einer Währung; es ist gleitende (veränderliche), aber nichtsdestoweniger bestimmte Währung.

Was wir gegenwärtig wirtschaftlich erleben, ist von der hier vertretenen Lösung nicht mehr so weit entfernt, hat aber dieser gegenüber nur alle unvorteilhaften Wirkungen eines variablen Geldes. Jedenfalls hat die Erfahrung die gröbsten Wirkungen der Inflation ad oculos demonstriert und auf die Nachteile hingewiesen, welche unter allen Umständen vermieden werden müssen. Sie wirkt da überzeugender als jede theoretische Prophezeiung (wie sie der Verfasser vor mehreren

Jahren angestellt hat) [1]), und man möchte meinen, daß der Schritt von der ungeregelten Geldvermehrung zur geregelten (zur variablen Währung) nicht schwer fallen könnte. Trotzdem geht das gegenwärtige Bestreben dahin, die Inflation abzustoppen. Es mag der nächsten Zukunft überlassen sein, inwieweit dies bei der Finanzlage der europäischen Staaten überhaupt noch möglich ist. Kann aber auf die Tätigkeit der Notenpresse nicht verzichtet werden, so braucht man gar nicht so sehr von der Vorzüglichkeit der gleitenden Währung überzeugt zu sein, um einzusehen, daß sie immer und auf jeden Fall besser ist als die gegenwärtige ungeregelte Geldvermehrung. Sieht man diese als einen Notbehelf, ein Provisorium an, ohne welches nicht auszukommen ist — nun gut, so soll man dieses Provisorium technisch so einwandfrei ausführen als es möglich ist. Glaubt man dereinst, ohne dasselbe auszukommen, so ist dadurch nichts verloren, man hat lediglich einen unleidlichen Zustand erträglich gemacht.

## 3. Die gleitende Währung.

Reine Papierwährung: auch dies ist eine der sogenannten Unmöglichkeiten, welche sich erfahrungsgemäß unter dem Zwang der Notwendigkeiten als durchführbar gezeigt haben. Obwohl unser heutiges Papiergeld nicht in Metall umgewechselt werden kann, obwohl es wegen seiner dauernden Entwertung unsicher ist, so unsicher, daß man eigentlich nicht mehr von Währung reden kann, wird es allgemein, sogar vom Auslande, in Zahlung genommen. Dabei erleidet es im allgemeinen keine andere Einbuße, als daß die Zuschläge gefordert und gezahlt werden, die seine Entwertung ausgleichen, sei es als Preis- und Lohnerhöhungen, sei es als Valuta, die selbst — Valuta ist das italienische Wort für Wert — nichts anderes ist als der Ausdruck der Kaufkraft einer Geldsorte im Verhältnis zu einer anderen. Im großen und ganzen bestehen darum zwischen Valuta, Entwertung, Zuschlägen dieselben zahlenmäßigen Beziehungen. Genaueres wird darüber später gebracht werden.

---

[1]) Der Staat ohne Steuern, München 1919. Verlag Kultur-Politik.

## 3. Die gleitende Währung.

Besonders in das Gestrüpp der Theorien über Metall— Papiergeld und Geld überhaupt einzudringen, hat hier keinen Sinn. Ebenfalls führen uns psychologische, philosophische und juristische Definitionen und Auslegungen des Begriffes Geld nicht weiter. Hier genügt die Erfahrungstatsache, daß es Zahlungsmittel ist und daß es keine Definition geben kann, die nicht mindestens diese Aussage machen muß. Von dieser Begriffsbestimmung aus können wir mit Hilfe einiger anderer wirtschaftlicher Prinzipien zu einem Gleichungssystem kommen, das den aus den Wirtschaftsstatistiken gezogenen Zahlen entspricht. Was Geld außerdem ist oder nicht ist, das sollen die Philosophen des Geldbegriffes unter sich ausmachen. Es geht uns hier wie den Physikern, welche den Philosophen Begriffe wie Raum, Zeit, Energie, Kraft u. ä. entreißen und in Rechnungen zwingen; und während die Philosophen ein Jahrhundert lang über die Zulässigkeit z. B. gekrümmter Räume und Zeiten debattieren, feiert die Relativitätstheorie gerade dadurch, daß sie sich damit nicht aufhalten ließ, ihre erstaunlichen Triumphe [1].

---

[1] Wenn wir ganz genau sprechen wollten, dürften wir sogar nicht einmal sagen: Geld i s t (auf jeden Fall unter anderm) Zahlungsmittel. Denn die Frage, was ein wirkliches Ding ist oder die Behauptung, daß ein wirkliches Ding das und das ist, gehört in die Metaphysik, und die Frage, was wir von einem wirklichen Ding wissen und behaupten können, gehört in die Erkenntnistheorie. Wenn wir also exakt sprechen wollten, müßten wir etwa sagen: es soll einen Bereich von Denkgegenständen (Gedankendingen) geben, unter den auch die volkswirtschaftschaftlichen Begriffe (nicht aber die diesen entsprechenden wirklichen Dinge) fallen sollen, dann soll es für diese Begriffe und deren Relationen einen Maßstab geben, den wir „das Geld" („Zahlungsmittel") nennen wollen und es sollen die üblichen arithmetischen, algebraischen und analytischen Regeln gelten. Damit würden wir in keiner Weise etwas über die wirklichen Dinge bzw. über die psychologischen Tatbestände (z. B. darüber, was in den Köpfen der meisten Menschen unter Geld verstanden wird) aussagen, sondern wir blieben im reinen Denkbereich, in dem wir natürlich Festsetzungen treffen können, wie es uns beliebt und über deren Zweckmäßigkeit der Erfolg entscheidet.

Das sind natürlich in gewissem Sinne Haarspaltereien; aber die Sauberkeit der Methode erfordert es, daß man sich über die Grenzen dessen, was man wissen kann, und darüber, was Wissen ist, Rechenschaft gibt. Zu allernächst aber sind Begriffe Begriffe und Denkoperationen Denkoperationen; sie gehören in den Bereich der Gedanken und nicht in den der wirklichen Dinge; zwischen Denken und Wirklichkeit klafft die Kluft von Individuum und Kosmos, Ich und Welt,

## 3. Die gleitende Währung.

Die Erfahrung hat also gezeigt, daß es überall, wo Geld a l s Z a h l u n g s m i t t e l angenommen wird, nicht auf das Material

---

die man nicht durch den Nebel unscharfer Worte überbrücken wollen darf. Die Aufrollung dieser philosophischen und erkenntnistheoretischen Grundfragen würde den ganzen Wirrwar des Streits über das Wesen des Geldes vermieden haben: wir wissen nicht, was Geld i s t und können es nicht exakt wissen, ebensowenig wie der Physiker wissen kann und braucht, was z. B. Kraft, oder was der physische Raum i s t. Er arbeitet mit diesen Begriffen wie mit unbekannten Größen, macht eine Reihe willkürlicher Voraussetzungen und Annahmen und entscheidet sich schließlich für diejenigen, welche die besten Übereinstimmungen mit den experimentellen Messungen liefern. D. h. entscheidend ist der Erfolg der quantitativen Analyse.

Für die mathematischen Naturwissenschaften ist der Streit im wesentlichen durch Kant und E. Mach aus der Welt geschafft. Die neuen Physiker sehen zum großen Teil die Physik als eine rein formale Wissenschaft an, als eine Art erweiterter Geometrie (vgl. H. Weyl: „Raum, Zeit, Materie". Vorlesungen über allgemeine Relativitätstheorie, Berlin 1918, Schlußkapitel), die über das Wesen der Dinge nichts aussagt und nur über ihr formales (quantitatives) Verhalten äußerst subtile und durchsichtige, formschöne Aufschlüsse gibt. Darin sind sie in Übereinstimmung mit den kantischen erkenntniskritischen Forschungen. — Die Physiker, welche das kantische Apriori verwerfen, weil sie immer noch eine Art „Wesensschau" dahinter wittern, sind eigentlich noch kantischer als Kant. Sie ersetzen es durch den Begriff „Konventionen", nicht in dem Sinn, in dem der allgemeine Sprachgebrauch von „Konventionellem" als von historisch Gewordenem spricht, sondern etwa in dem: zwei Gelehrte setzen sich an einen Tisch und verabreden sich: Wir wollen das Spiel Mathematik (Physik usw.) spielen; welche Spielregeln (Denkoperationen) wollen wir zulassen, mit welchen Schachfiguren (Begriffen, Linien, Punkten, Kräften, Massen) wollen wir spielen? und kommen zum Zwecke der Verständigung auf beliebige überein, von denen sie sich für das Spiel den besten Fortgang versprechen. — Inwieweit dieser extreme Formalismus philosophisch unbefriedigt läßt und inwieweit er sich mit dem kantischen Apriori in Einklang bringen läßt, führt hier zu weit. Natürlich ist auch jeder Gelehrte zuviel Mensch, um sich damit abzufinden; wenn er auf Grund seiner, noch dazu so schönen einfachen und durchgreifenden Prinzipien quantitative Übereinstimmungen wie die Ablenkung des Lichtstrahls im Schwerefeld der Sonne oder die Fortschreitung des Merkurperihels erhält, so hat er alles Recht zu g l a u b e n, daß er mit seinen Formeln kosmische Gesetze und mit seinem wechselnd gekrümmten Raum den kosmischen Raum abgebildet hat. Aber er bleibt sich immer bewußt, daß das eine Glaubenssache ist, wenn auch mit außerordentlich hoher Wahrscheinlichkeit; und er wird nie behaupten, er wüßte nun was die Welt i s t ; oder gar sich deswegen gegen eine Theorie verschließen, die noch bessere Übereinstimmungen liefert.

## 3. Die gleitende Währung. 9

dieses Zahlungsmittels ankommt, sondern darauf, was dieses Geld zu kaufen fähig ist: auf seine K a u f k r a f t. Diese aber ist nur davon abhängig, wie groß die im Umlauf befindliche Geldmenge ist, wieviel Waren gehandelt werden, ferner von der Produktion, der Bevölkerungszahl, der Umlaufsziffer und von noch einigen anderen Faktoren zweiten Grades. Papiergeld nun verhält sich als Zahlungsmittel genau so wie anderes. Es hat sich darum auch als Zahlungsmittel allgemein durchgesetzt; alle Klagen, daß es schmutzig wird, leicht zerreißt, nicht so schön ist wie Metallgeld, vermögen nichts dagegen, nicht einmal die Klage über seine dauernde, durch den ungeregelten Gebrauch der Notenpresse bewirkte Entwertung. Ja man kann sogar für die Zeiten, als Papier jederzeit gegen Metall- (Gold-) Geld umgetauscht werden konnte, von einer Papierwährung sprechen: — zwischen das Papier, das damals ebenfalls anstandslos in Zahlung genommen, zum Teil sogar bevorzugt wurde, und die zu kaufenden Güter war eben gleichsam eine Einheitsware, das Gold, eingeschoben, auf die sich dann die übrigen Preise bezogen.

Wenn man sich von dem Deckungsbegriff nicht freimachen kann, so kann man neben dem entwertenden Papiergeld die alte Metall- (Gold-) decke beibehalten. Hinter dieser Geldmenge, d. h. hinter den ursprünglichen Geldscheinen und ihren Zuschlägen, steht dann immer dieselbe Goldmenge, die um ebensoviel im Papierwert steigt als für

---

Insofern nun Geld ein Stück Außenwelt ist, sei es als Materie (Metall, bedrucktes Papier), sei es als psychologischer Tatbestand (als das, was in den Köpfen der Menschen für Geld gehalten wird), unterliegt es den vorerwähnten erkenntnistheoretischen Vorbehalten. Es hat darum auch keinen Sinn, die ganze Frage in das Gebiet der praktischen Vernunft abschieben zu wollen, um dabei etwas über sein Wesen ausmachen zu können. Man kommt daher wie bei allen Dingen der theoretischen Vernunft nur weiter, wenn man zunächst ganz im Bereich der Denkfunktionen bleibt: es beliebig (wie oben als Zahlungsmittel) definiert, in gewisse Relationen zu den übrigen volkswirtschaftlichen Begriffen setzt und durch logische Folgerungen und Schlüsse gleichsam eine Pyramide von Denkdingen aufschichtet. Hat dann diese Pyramide dieselben Merkmale und Abmessungen, wie sie die Pyramide Wirklichkeit bei der quantitativen Analyse aufweist, so können wir sie mit einer gewissen Wahrscheinlichkeit als ein Abbild der wirklichen volkswirtschaftlichen Vorgänge ansehen und uns mit einer gewissen Wahrscheinlichkeit auf sie verlassen.

## 3. Die gleitende Währung.

Preise, Löhne usw. Zuschläge bezahlt werden, als die durchschnittlichen Einkommen steigen und als Geldeinlagen von der Staatskasse erhöht zurückgezahlt werden. Aber dies ist weder nötig noch praktisch.

An sich notwendig ist keine Metall-, Gold- oder andere Deckung. Die Deckung für ein jedes Geld ist die Menge der Güter usw., die in dem betreffenden Lande zu kaufen sind, von dieser hängt im wesentlichen die Kaufkraft jedes Geldes ab. Auch die Goldwährung verbürgt demgegenüber keine Stabilität; die Erfahrung hat gezeigt, daß bei Geldvermehrung auch dieses Geld Entwertung erlitt. (Vgl. den statistischen Anhang.) Der Sinn der Deckung ist ein anderer: Solange man das Geldwesen nicht auf die Erkenntnis geldwirtschaftlicher Gesetzmäßigkeiten gründet, wie sie im folgenden abgeleitet werden, bedarf man einer gewissen Kontrolle, um Willkürlichkeiten des Staates in bezug auf Geldausgabe einzuschränken. Eine solche Kontrolle gibt ein jedes Metall usw. ab, dessen Förderung mit gewissen Kosten usw. verknüpft ist, so daß die Geldproduktion in einem gewissen, durch das Gesetz von Angebot und Nachfrage bestimmten Verhältnis zu der übrigen Güterproduktion bleibt. Es könnte dies aber auch jeder andere Stoff sein, der gewisse Garantie bietet, daß die Geldproduktion keine allzu großen Dimensionen annehmen kann.

Diese primitive Verknüpfung der Geld- und der Güterproduktion kann aber ersetzt werden dadurch, daß man das Geldsystem auf die Erkenntnis und zahlenmäßige Erfassung der wirtschaftlichen Gesetzmäßigkeiten gründet. Es kann dann sowohl eine Stabilisierung der Kaufkraft des Geldes erreicht werden, so daß die durchschnittlichen Preise usw. ein für allemal auf derselben Höhe bleiben, als auch kann durch Geldvermehrung ein Sinken der Kaufkraft herbeigeführt werden, damit ein Steigen der Preise usw., das gleichwohl immer bestimmt ist und durch ebenso bestimmte und allgemein bekanntgegebene Zuschläge ausgeglichen wird [1]. Es klingt zuerst etwas paradox, daß der

---

[1] Es handelt sich hier wohlgemerkt nur um den Durchschnitt aller Preise; dabei kann und soll gar nicht verhindert werden, daß einzelne Warengattungen bisweilen teurer, andere billiger werden. Aber die Schwankungen gleichen sich erfahrungsgemäß immer gegeneinander aus und bewegen sich in mäßigen Grenzen.

zweite Fall, der einer dauernden, durch diese Zuschläge ausgeglichenen Entwertung, dem von dauernd beständigen Preisen vorzuziehen ist. Denn im allgemeinen entwerten die Güter mit der Zeit. Teils verderben sie, teils kommen sie aus der Mode und zwingen dadurch zum Verkauf; die Notdürfte des Lebens erlauben der Arbeitskraft nicht zu feiern. — Hat nun der Käufer, der momentane Besitzer des Geldes, unter demselben Mißstande zu leiden, so ist er um so geneigter, das entwertende Geld auszugeben, oder es, falls er momentan keine Verwendung dafür hat, bei der Staatsbank zu deponieren, die ihm bei Rückzahlung die entsprechenden Zuschläge garantiert. Auf diese Weise wird trägem Geschäftsgange, dem Zurückhalten von Geld, am sichersten entgegengewirkt. Auch hierfür zeugt die Erfahrung; obwohl noch nie so sehr über die schlimmen wirtschaftlichen Verhältnisse geklagt wurde wie jetzt, saß doch das Geld nie lockerer, während in Ländern mit stabilen Geldverhältnissen (Schweiz) der Geschäftsgang stockt.

## 4. Die Grundlagen der gleitenden Währung.

Der rechnerische Ausdruck aller wirtschaftlichen Vorgänge und damit auch aller Währungsprobleme geschieht in Geld; Geld ist das Verrechnungssystem der Wirtschaft. Es ist dabei eine ebenso selbstverständliche wie unumstößliche Binsenwahrheit, daß die gesamte im Umlauf befindliche Geldmenge[1]) innerhalb des Zeitraumes, in dem sie sich gerade einmal umsetzt, d. h. in dem sie den Kreis der Wirtschaft gerade einmal durchläuft (gewöhnlich einen Bruchteil eines Jahres), die Summe aller Preise darstellt, die in dieser Zeit für Güter und Leistungen usw. bezahlt worden sind. Mit anderen Worten: Wenn alle die (relativ kleinen) Geldsummen, die sich in den Taschen und Kassen

---

[1]) Diese Menge befaßt nicht nur das eigentliche vom Staat in Form von Metall, Noten usw. ausgegebene Geld, sondern auch die sogenannten scheckfähigen Depositen unter sich, nämlich Wertpapiere, die, wie z. B. die Kriegsanleihe, in Zahlung gegeben werden, oder den Hintergrund für den bargeldlosen Zahlungsverkehr (Scheckverkehr) abgeben. Aber diese eliminieren sich später (vgl. den Anhang), so daß man es nur mit dem Bargeld, unter Umständen sogar nur dem Notenumlauf als Preisbildner zu tun hat.

## 4. Die Grundlagen der gleitenden Währung.

der Einzelindividuen befinden, einmal ausgegeben und durch Einnahmen ersetzt worden sind, so sind durch diese Augsaben und Einnahmen im allgemeinen Preise, Löhne usw. bezahlt worden, und es ist eine bestimmte Menge von Gütern und Leistungen in dieser Höhe umgesetzt worden. Innerhalb des Jahres sind dann entsprechende Vielfache dieser Summen an Preisen usw. in Geld bezahlt und eingenommen worden. Dies ist der Gesamtumsatz einer Wirtschaft innerhalb eines Jahres, während die Zahl, die das Vielfache angibt, Umlaufsziffer (Umlaufsgeschwindigkeit) heißt; die Statistik hat Methoden entwickelt, beide zu messen. Eine Änderung in den Preisen kann also nur zustandekommen, wenn entweder die Geldmenge sich ändert oder die Umlaufsgeschwindigkeit oder die Menge der Güter und Leistungen (Produktionssteigerung bzw. -rückgang). Was bei einer Verschiebung der mittleren Preise auf das Konto jedes einzelnen dieser Faktoren kommt, darüber herrscht bei den Volkswirtschaftlern keine Einigkeit. Im allgemeinen wirken alle Faktoren zusammen, heben sich zum Teil in ihren Wirkungen gegenseitig auf; es lassen sich aber (außer durch äußerst spezielle statistische Festsetzungen, deren Allgemeingültigkeit a priori nicht über jeden Zweifel erhaben ist) bloß aus der eingangs aufgestellten rein formalen Wirtschafts- (Umsatz-) gleichung keine Gesetzmäßigkeiten dieser Faktoren untereinander festsetzen. Es läßt sich wohl allgemein sagen, daß z. B. eine Vermehrung in der Güterproduktion durch eine Vermehrung des sogenannten Scheckgeldes zum Teil kompensiert wird, da eine Steigerung der Produktion und damit die Rentabilität etwa einer Fabrik durch die entsprechende Kurssteigerung ihrer Aktien bzw. daß eine Investierung neuen Kapitals (Aktienvermehrung) im allgemeinen durch gesteigerte Güterproduktion ausgeglichen wird, ebenso daß eine gesteigerte Umlaufsziffer (eine Umlaufsbeschleunigung) ebenfalls auf die Produktion belebend wirkt, da dann das Geld flüssiger ist, und daß sich diese beiden Steigerungen gegenseitig aufheben. Ferner kann man sagen, daß eine gewisse Produktionssteigerung durch die Vermehrung der Bevölkerungsziffer bewirkt wird, da produzierende Menschen neu in den Wirtschaftskreis eintreten. Diese Abhängigkeitsverhältnisse sind aber so zu vage formuliert, sie können nur von Fall zu Fall durch komplizierte statistische Untersuchungen festgestellt werden; ein allgemein gültiges Gesetz, das vor allem (worauf es hier gerade ankommt) zu einem zahlenmäßig erfaßbaren Ausdruck führt, kann hieraus nicht abgeleitet werden. Hierzu bedarf man eines weiteren Prinzipes, das im folgenden Invarianzprinzip genannt werden soll.

## 5. Das Invarianzprinzip.

Wie in einem Gas (oder Dampf), das nach seiner Mischung einen gewissen Gleichgewichtszustand hat, die einzelnen Moleküle bei Störung dieses Gleichgewichtes durch Zuführung von Energie (Wärme) bestrebt sind, die Energiezufuhr unter sich auszugleichen um so wieder in einen ähnlichen Gleichgewichtszustand von höherem Energieniveau zu kommen, so suchen die Induviduen bei Störung des wirtschaftlichen Gleichgewichts, sich so wieder untereinander auszugleichen, die eigenen Schädigungen auf die Gesamtheit abzuwälzen, die Bevorteilungen anderer einzuholen, daß wieder der Gleichgewichtszustand erreicht ist. (Unter wirtschaftlichem Gleichgewicht ist hier kein utopischer sozialer Idealzustand gemeint, sondern irgendein halbwegs stabiler Zustand, gleichviel welcher Wirtschaftsform.) An dieser Ausgleichung nehmen auch neu in den Wirtschaftskreis hinzukommende Individuen teil; wie also die Zustandsgleichung eines Gases durch die Anzahlveränderung seiner Moleküle beeinflußt wird, so bewirkt der Bevölkerungszuwachs für die Gleichgewichtsherstellung eines Wirtschaftssystems einen etwas anderen Zahlenausdruck. Etwaige Verschiebungen sind dabei von minimalem Einfluß und gleichen sich gegeneinander aus; Verarmung des einen wird durch Bereicherung des andern aufgehoben; im großen und ganzen sorgen die engen wirtschaftlichen Verknüpfungen und das Gesetz der großen Zahl für eine gleichmäßige Verteilung. Die Gesamtwirtschaft wirkt hier wie eine große, allerdings nicht ganz präzise funktionierende gegenseitige Versicherung und Rückversicherung. Wir sind damit wieder bei unserm Ausgangsproblem angelangt. — Dieses Problem besteht im Falle einer Vermehrung des eigentlichen Geldes darin, zu berechnen, wie groß die Preiszuschläge sein müssen, die zur Erhaltung des Gleichgewichtszustandes allgemein erhoben werden müssen, um wieviel sich dabei die Umlaufsgeschwindigkeit beschleunigen und die Menge der scheckfähigen Depositen sich vermehren muß. Dabei sind zwei Fälle zu unterscheiden: Ob diese durch Geldvermehrung eventuell auch Umlaufsbeschleunigung bedingten Zuschläge sofort bei der Herausgabe des neuen Geldes mit darauf bezahlt werden sollen. Dies ist unsere automatische Versicherung gegen Geldentwertung, die offiziell festzusetzende variable (gleitende) Währung; oder ob man die Ausgleichung dem in der Wirtschaft gesetzmäßig wirkenden Invarianzprinzip überläßt: dies ist die gewöhnliche unregelmäßige Geldvermehrung. Beide Fälle führen theoretisch auf dieselben zahlenmäßig ausdrückbaren Gesetze, sogar auf dieselben Formeln. In dem zweiten Falle (in welchem eine gewisse zeitliche Verzögerung nicht zu vermeiden ist) erhalten diejenigen, die das neuausgegebene Geld ohne Zuschläge bekommen, zu wenig; sie müssen sich also schadlos halten, und das können sie nur durch Erhöhung ihrer Produktion oder des Handels, die ihren geldlichen Ausdruck wieder in einer entsprechenden Vermehrung des Scheckgeldes bzw. der Umlaufsgeschwindigkeit findet. Es sind also in diesem Falle auch diese beiden Faktoren zu berechnen; beide müssen um so viel mehr steigen, als der Ausfall der Zuschläge beträgt, so daß die Summe der beiden Geldsorten dieselbe Zahl ergibt wie im erstem Fall. Im ersten Falle werden die Zuschläge gleich mitbezahlt; es besteht also nach dem Invarianzprinzip kein Anlaß zu einer besonderen Produktionssteigerung und Scheckgeldvermehrung.

## 6. Die Schraube ohne Ende und das Gleichnis vom Hasen und der Schildkröte.

Die weitere Behandlung des Problems, dessen Lösung hier andeutungsweise umrissen wurde, kann nur mit Hilfe der mathematischen Formelsprache geführt werden und erfolgt darum im theoretischen Anhang. Denn sie enthält Schwierigkeiten, gleichsam Fallgruben auf dem glatten Weg des logischen Denkens, deren Aufhellung sich der sprachlichen Behandlung entzieht und die über einfache Proportionen hinausgehen. Diese Schwierigkeiten wurden schon von Volkswirtschaftlern

## 6. Die Schraube ohne Ende und das Gleichnis vom Hasen und der Schildkröte.

entdeckt und diese haben deshalb das Problem der variablen Währung für unlösbar erklärt. Sie verfahren in ihrer Kritik folgendermaßen: Wenn der Staat seine Schuldigkeiten (Löhne, Gehälter usw.) durch Ausgabe neuen Geldes deckt, so entwertet er das Geld durch diese Geldvermehrung. Soll nun diese Entwertung durch Zuschläge ausgeglichen werden, so muß er so viel Geld noch neu dazu ausgeben, als diese Zuschläge betragen. Dadurch bewirkt er aber eine weitere Entwertung, die er wieder durch einen weiteren Zuschlag ausgleichen muß, der wieder Geldvermehrung, entsprechende Entwertung, damit wieder Zuschläge bewirkt usw., ins Unendliche. Das wäre aber eine Schraube ohne Ende, die berühmte Schraube ohne Ende, welche in der ganzen Literatur über die gegenwärtige Finanzmisere ohne Unterlaß umgeht und vor deren Monstruosität man besinnungslos die Waffen streckt, ohne dem Schlagwort auf den Grund zu gehen. In Wahrheit ist sie gar nicht so monströs.

Man kann auf diese Argumentation nur, wie gesagt, mit Hilfe der Formelsprache eingehen und sie nur so streng widerlegen, da sie an das äußerst schwierige und scheinbar widerspruchsvolle Unendlichkeitsproblem der Mathematik rührt. Aber ein Gleichnis kann der nach Anschauung dürstenden Vorstellung die Sache etwas näher bringen. Diese Kritiker behaupten nämlich nichts anderes, als die antike Paradoxe vom Hasen und der Schildkröte [1]) behauptet.

Scharfsinnige Philosophen bewiesen nämlich, daß, wenn die träge Schildkröte einmal einen Vorsprung vor dem Hasen habe, dieser jene niemals einholen könne. Denn während dieser den Vorsprung einholt, ist die Schildkröte ein kleines Stück weiter gekrochen, hat also einen neuen, wenn auch viel kleineren Vorsprung. Während aber der Hase diesen wieder einholt, hat die Schildkröte einen weiteren, allerdings noch kleineren Vorsprung, und so geht dies ins Unendliche weiter: Der Hase könnte dieser Meinung nach die Schildkröte in keiner Raumstrecke einholen. — Die Paradoxie ist bei weitem nicht so lächerlich wie sie scheint. Obwohl jedes Kind weiß, daß die Schildkröte sehr schnell

---

[1]) Auch bekannt als das zenonische Problem von Achilles und der Schildkröte.

## 6. Die Schraube ohne Ende und das Gleichnis vom Hasen und der Schildkröte.

überholt wird. Aber ihre strenge Auflösung (die im Anhang erfolgt) geht über die elementare Mathematik hinaus: Hier im Text kann nur so viel angedeutet werden, daß die immer kleiner werdenden Vorsprünge schließlich so winzig werden, daß sie vernachläßigt werden dürfen. Die Auflösung wäre offenbar nur dann unmöglich, wenn die Schildkröte ebenso schnell oder gar schneller als der Hase liefe. Denn dann nähern sich die späteren Vorsprünge nicht der Null.

Analoges gilt für die Berechnung der Zuschläge; die Abweichungen werden schließlich so winzig, daß sie nicht mehr ins Gewicht fallen bzw. kann man sie mit Hilfe der im Anhang entwickelten strengen Methode ganz verschwindend machen.

Wenn man also bei dem Bild der Schraube ohne Ende bleiben muß, so muß man sich dabei eine sogenannte konvergente (sich verjüngende)

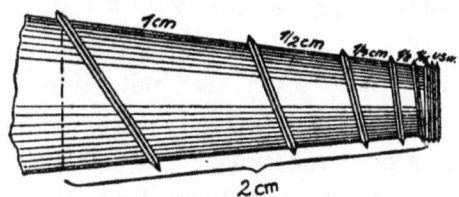

Das Ende der Schraube ohne Ende.

Schraube vorstellen. Eine solche hat wohl unendlich viel Umgänge, trotzdem aber hat sie nur eine endliche Länge. Denkt man sich beispielsweise eine Schraube (wie in der Figur), deren erster Umgang von der Gesamtlänge der Schraube 1 cm konsumiert, der zweite $\frac{1}{2}$ cm, der dritte $1\frac{1}{4}$ cm, der vierte $\frac{1}{8}$ cm, und so jeder folgende die Hälfte des vorangehenden, so ist leicht einzusehen, daß die gesamte Schraube (die Summe all dieser Umgänge) nicht länger als 2 cm lang sein kann. Denn die Umgänge werden immer enger und jeder weitere frißt von dem an 2 cm fehlenden Rest gerade nur die Hälfte.

Man kann sich dies leicht selber auf die Inflations- und Geldentwertungsangelegenheiten übertragen. Zur Ausgleichung der aus der ersten Inflation herrührenden Geldentwertung wäre freilich eine zweite nötig und so fort; aber diese weiteren Inflationen werden im allgemeinen immer kleiner und konvergieren gegen Null. Man kann also die Ausgleichung bereits durch entsprechende Vermehrung der ursprünglichen Inflation vorwegnehmen und den weiteren Geldentwertungen dadurch gleichsam den Weg abschneiden. Diese Lösung ist möglich für Schuldig-

### 6. Die Schraube ohne Ende und das Gleichnis vom Hasen und der Schildkröte.

keiten des Staates in j e d e r Höhe; sind sie zu hoch, um innerhalb eines Zeitraumes auf einmal ausgeglichen werden zu können, so teilt man sie in zwei Hälften, die zweimal je innerhalb des halben Zeitraumes bezahlt werden; und so ins unendlich Kleine weiter, so daß schließlich eine möglichst gleichmäßige Verteilung der Schuldigkeiten (und damit der Geldausgabe), bei ebenso gleichmäßig wachsenden Zuschlägen, über das ganze Jahr erreicht wird.

Ebenso wie berechnet wurde, um wieviel sich die Geldmenge vermehren muß, kann auch die Steigerung der Umlaufsgeschwindigkeit bestimmt werden. Denn nachdem die Geldmenge sich dem Invarianzprinzip gemäß ausgedehnt hat, wirken die übrigen noch nicht ausgeglichenen Kaufkraftverluste auf Umlaufsbeschleunigung. Hat z. B. die Geldentwertung einen Rückgang des Zinsfußes zur Folge (— was die Erfahrung in bezug auf den v i r t u e l l e n Zins — die Verzinsung in Kaufkraft ausgedrückt — bestätigt), so steigt die Umlaufsgeschwindigkeit in einem dadurch bedingtem Maße. Die Staatsbank kann aber auch diesen Zinsverlust regulieren, indem sie selbst einen (natürlich etwas höherem) Zins anbietet, und danach die Umlaufsbeschleunigung berechnen. Will sie z. B. keinen Zinsverlust eintreten lassen und die dadurch bedingte Umlaufsbeschleunigung verhindern, so braucht sie nur zu versprechen, alle Geldsummen in der alten Höhe weiter zu verzinsen, selbstverständlich, wie bei allen Leistungen unter Aufzahlung der betreffenden Zuschläge. Dann tritt keine Umlaufsbeschleunigung ein und es bleibt bei den oben bestimmten Zuschlägen. Andernfalls berechnen sich die Zuschläge anders.

Es ist also möglich, nach diesen Grundsätzen die Zuschläge so zu berechnen, daß jeglicher Verlust durch Geldentwertung ausgeglichen werden kann. Die betreffenden Zahlengesetze konnten auch durch Vergleichung mit statistisch untersuchten Geldentwertungsvorgängen nachgeprüft werden. Dabei stand natürlich kein Fall von gleitender Währung zur Verfügung, die noch nie realisiert wurde. Aber auch bei regelloser Geldentwertung, wo die Zuschläge durch anderweitigen Mehrverdienst (Mehrproduktion) hereingebracht werden, ergeben sich derartige Übereinstimmungen, daß als erwiesen gelten muß: d e r  v o l k s w i r t -

schaftliche Gesamtumsatz (Menge sowohl des Bargeldes als auch des Scheckgeldes, Umlaufsgeschwindigkeiten, Menge der gehandelten Güter) hängt in erster Näherung von der Geldvermehrung und dem Bevölkerungszuwachs ab. Alle weiteren Faktoren, von denen man einen Einfluß vermuten könnte (wie etwa erhöhter Arbeitseifer, erhöhte Produktion durch Verbesserung der Produktionsmittel), üben zum Teil nur einen minimalen Einfluß auf die Gesamtwirtschaft aus oder sind zum Teil selbst wieder von der Geldvermehrung bedingt, zum Teil durch eine Vermehrung des Scheckgeldes kompensiert. Die gesamte menschliche Wirtschaft ist von dem Gesetz der Trägheit beherrscht: sie strebt wie ein in Bewegung befindlicher schwerer Körper diese Bewegung unverändert beizubehalten und ändert sich gerade nur soviel, daß sie einsetzende Schädigungen eben ausgleicht.

## 7. Das Rechnen mit Kaufeinheiten.

Die gleitende Währung unterscheidet sich prinzipiell von allen andern Währungen, daß sie keine stabile Währungseinheit besitzt, sondern eine variable. Denn sie strebt den Geldverkehr so aufzubauen, daß jeder seiner Teilnehmer für seine Forderungen in einer Summe Geldes eine gewisse feste Summe Kaufkraft ausbezahlt erhält, unabhängig davon, wie hoch oder wie nieder die Kaufkraft der Geldeinheit (Mark usw.) steht. In bezug auf die Kaufkrafteinheiten, die wir kürzer als Kaufeinheiten ($K$) bezeichnen, und die definiert sind als die Summe der ursprünglichen Geldheinheiten (Mark usw.), und die durch die Tabelle bekanntgegebenen jeweiligen Zuschläge, in bezug auf diese Kaufeinheiten sind dann im allgemeinen alle Preise, Löhne, Gehälter, Pensionen usw. usw. stabil; während sie, wie gesagt, auf Geldeinheiten (Mark) bezogen, variabel sind (dauernd anwachsen). Ebenso ist die Kaufeinheit, auf die Kaufkraft bezogen oder auf die Güter, die sie kauft, stabil, während sie auf Geldeinheiten (Mark usw.) bezogen, variabel ist.

## 7. Das Rechnen mit Kaufeinheiten.

Da aber die vom Staat ausgegebene Tabelle allgemein bekannt gibt, wie hoch jeweilig die Zuschläge sind, läßt sich mit diesem variabeln Geld genau so rechnen wie mit festem. Dies beruht auf der algebraischen Tatsache, daß man mit variabeln Größen dieselben Rechenoperationen machen kann wie mit konstanten, wenn man, was dort durch die Tabelle bewerkstelligt wird, das Veränderungsgesetz kennt; ja, daß einige Operationen (die Bildung von Differentialquotienten z. B.) nur mit variabeln möglich sind.

In der Praxis der gleitenden Währung wird sich das so auswirken: Alle Preise, Löhne, Gehälter usw. usw. werden in $K$ fixiert. Wie hoch sie an jedem einzelnen Tage in Geldeinheiten (Mark) ausgedrückt sind, kann an jedem dieser Tage durch einen Blick in die Tabelle (die natürlich entsprechend bequem auf alle gebräuchlichen Zahlen auszurechnen ist) nachgesehen werden. Das ist weniger kompliziert, als es aussieht, da die Zuschläge ziemlich gleichmäßig (stetig) anwachsen; jedenfalls ist man mit den gegenwärtigen undurchsichtigen und oft willkürlichen Preissteigerungen usw. ebenfalls zu Rande gekommen.

Glaubt jemand Preisrückgänge eintreten lassen zu können, oder glaubt er höhere Preise usw. durchsetzen zu können, so kann er entsprechend mehr oder weniger $K$ verlangen (ohne daß dadurch die Höhe der $K$ selbst tangiert wird), wie er in Zeiten fester Währung mehr oder weniger Mark usw. verlangen konnte. Das ganze Spiel von Übersteigern und Unterbieten kann also auch auf dem Boden der variabeln $K$ stattfinden, ebenso wie ein Wettrennen dadurch nicht möglich wird, daß man es auf einem Trottoir roulant ablaufen läßt, und sich dabei in nichts ändert.

Sind nun die Teilnehmer an der Wirtschaft in die Lage versetzt, überall das $K$ fache zu bezahlen? Diese Frage kann bejaht werden. Würden a l l e ihr Einkommen vom Staate beziehen, so hätten sie jederzeit das $K$ fache Einkommen und könnten darum auch $K$ fache Ausgaben ertragen. Hätte niemand Einkommen vom Staate, so würden wohl jeden an den Geldsummen, die er in der Tasche trägt oder als Bargeldreserven liegen hat, Verluste erleiden. Aber da es möglich ist, alle diese Beträge bei der Staatskasse zu deponieren, um sie $K$ fach zurückzuerhalten, sind $K$ fache Preissteigerungen auch so zu ertragen. In der Praxis trifft das Mittel dieser beiden Grenzfälle zu; eine sehr erhebliche Anzahl von Individuen bezieht ihr $K$ faches Einkommen vom Staate, setzt es (da die Umlaufsziffern ziemlich hoch sind) ziemlich geschwind um und versetzt dadurch die übrigen Individuen in die Lage $K$ fache Preise zu bezahlen, so daß der Verlust an den Beträgen, die aus Bequemlichkeitsgründen nicht bei der Staatsbank deponiert werden, nicht in die Wage fällt. Bei den Leuten, die Kredite benötigen, ändert sich ebenfalls nichts: der $K$ fache Kredit wird ebenfalls durch $K$ fache Einnahmen zurückbezahlt, wie der einfache durch einfache Einnahmen.

Alle scheinbaren Ungerechtigkeiten (wie z. B. der Fall, daß einmal für 100 Mk. ein Zins von 1000 Mk. bezahlt werden muß, oder das eine Versicherung trotz der ursprünglichen (in Mk. ausgedrückt) geringen Prämien $K$ fach ausgezahlt werden muß, fallen so in sich zusammen, wenn man den Aberglauben an die feste Geldeinheit aufgibt: das ursprüngliche Kapital von 100 Mk. war eben damals 100 $K$ (Kaufkraft) und der nunmehr 1000 Mk. betragende Zins ist eben nur 5 $K$, da $K$ etwa auf 200 Mk. gestiegen ist.

## 8. Die Vermeidung der Nachteile einer ungeregelten Geldvermehrung.

Auch von der gegenwärtigen regellosen Geldentwertung mit all ihren Härten läßt das wenige und durchaus nicht einwandfreie statistische Material vermuten, daß sie den aufgestellten Zahlengesetzen folgt. Es ist also noch die Frage übrig, ob diese Härten und Nachteile bei jedem System der Geldentwertung, also auch bei der gleitenden Währung, eintreten müssen, oder ob sie nur der regellosen Geldvermehrung zuzuschreiben sind, bzw. gar dem Umstande, daß man, wie gegenwärtig, die Tatsache der Entwertung leugnen möchte und das faktisch entwertende Geld als wertkonstantes aufdrängen will.

Man hat gesehen, daß dieser Fiktion zum Trotz die betreffenden Preis- und Lohnzuschläge usw. sich durchzusetzen streben. Aber diese

## 8. Die Vermeidung der Nachteile einer ungeregelten Geldvermehrung. 21

Ausgleichungen treten nicht automatisch und nicht sofort ein, weil die Einsicht bei der Schwerfälligkeit des Wirtschaftskörpers erst nach einiger Zeit kommt, und sie treten nicht gleichmäßig ein, weil die Frage ihrer Durchsetzung eine Frage der politischen und wirtschaftlichen Macht ist. So kommt es, daß die Gesamtwirtschaft hinter der Entwicklung beträchtlich nachhinkt und daß große Kreise der Wirtschaftsteilnehmer, die eben diese Macht nicht besitzen, in ihrem Einkommen zurückgehen und schließlich völlig verarmen. Beides wirkt zusammen dahin, daß der mittlere Preisstand, wenn sich auch Preis- und Lohnerhöhungen unzureichend durchsetzen, doch beträchtlich unter der theoretisch geforderten Höhe bleibt [1]). Dieser Mißstand tritt besonders in der **Valutafrage** zutage. An und für sich müßte es, wenn die Zuschläge allgemein und gleichmäßig bezahlt und erhalten würden, für die Valuta ganz gleichgültig sein, ob das wertkonstante Geld gegen wertkonstantes getauscht wird oder gegen gesetzmäßig entwertendes. Denn man kann das ausländische Geld als eine Ware betrachten, für die jeweils dieselben Zuschläge bezahlt werden müssen, wie im Inland für jede andere Ware usw. Wenn aber der Ausländer weiß, daß er für sein Geld jederzeit variables Geld plus die entsprechenden Zuschläge kaufen kann, bzw. wenn er es im Augenblick nicht aufbraucht, es so deponieren kann, daß er es jederzeit mit den anlaufenden Zuschlägen zurückbezahlt bekommt, so hat er keinen Grund dieses Geld gegen sein eigenes nicht einzutauschen [2]).

---

[1]) Diese Erscheinung findet ihren theoretischen Ausdruck darin, daß die Umlaufsbeschleunigungen und damit die Zuschläge, welche deren Einfluß ausgleichen, zunächst einen sprunghaften (nicht gleichmäßigen) Verlauf nehmen. Vergleiche hierzu die Kaufkraftkurven im Anhang. Aber die Technik der variablen Währung findet hierfür einen Mittelwert, der diese Sprungstellen durch einen gleichmäßigen Verlauf ausgleicht.

[2]) In der Tat folgte auch die Valuta dem im Anhang entwickelten Formelausdruck $K = \dfrac{b + \pi_v}{b B_v}$, wobei $b + \pi_v$ den Notenumlauf zur Zeit v bezeichnet, $b$ den ursprünglichen Notenumlauf $B_v$ den Bevölkerungszuwachs zur Zeit v. So war Ende 1921 der Notenumlauf etwa gleich 100 Milliarden Papiermark, die Notenmenge ($b$) im Jahre 1914 war etwa 2,5 Milliarden und die Einwohnerzahl des Reiches ging etwa von 70 Millionen auf 60 Millionen zurück, also

## 8. Die Vermeidung der Nachteile einer ungeregelten Geldvermehrung.

Aber bei der regellosen Geldentwertung hinken die ausländischen Preise des Landes, besonders im Kleinhandel, hinter denen nach, die sich der Geldvermehrung entsprechend ergeben müßten. Infolgedessen wird das betreffende Land gegenüber dem Auslande ein billiges Land: Die ausländische Valuta kümmert sich um diese internen Dinge nicht, sondern richtet sich nur nach der Menge des zum Einwechseln angebotenen Geldes und bleibt dann im Vorsprung gegenüber den mittleren Einkommenstand des Landes. Dadurch ergeben sich alle, fühlbar genug gewordenen Nachteile des Zurückbleibens der Inlandpreise gegenüber dem Weltmarkpreis: Überteuerung der Auslandsware, Übergang großer Teile des Nationalvermögens an Ausländer, aber auch Unterbietung der ausländischen Produktion durch die inländische usw., lauter Dinge, unter denen Ausland wie Inland gleichmäßig zu leiden haben.

$$b + \pi_v = 100 \text{ Milliarden};$$
$$b = 2{,}5 \quad ,, \quad ;$$
$$B_v = \frac{60}{70} \text{ und}$$
$$k = \frac{b + \pi_v}{b \cdot B_v} = \frac{100}{2{,}5} \cdot \frac{70}{60} = \frac{140}{3} = 46{,}66 \ldots$$

Für den Dollar erhält man wenn man $k$ mit der Friedensparität 4,2 Mk. multipliziert

$$1 \text{ Dollar (Ende 1921)} = 46{,}66 \ldots \cdot 4{,}2 \text{ Mk.} = 196 \text{ Mk.},$$

während er sich nach den Valutatabellen der Frankfurter Zeitschrift „Die Wirtschaftskurve" im Dezember 1921 um 200 Mk. herum bewegte.

Für April 1922 war $b + \pi_v$ etwa gleich 150 Milliarden, also

$$1 \text{ Dollar (April 22)} = \frac{150}{2{,}5} \cdot \frac{70}{60} \cdot 4{,}2 \text{ Mk.} = 294 \text{ Mk.},$$

gegenüber einer tatsächlichen Höhe zwischen 280 und 320 Mk. Hiergegen hinken die inländischen Indexziffern um etwa ein Vierteljahr nach. — Die Entwicklung folgt dieser Formel bis Ende Juni 1922. Dann springt sie gleichsam auf den nächsten Gang: es scheinen die Umlaufsbeschleunigungen in Erscheinung zu treten (vgl, Anhang Kap. 14). Nach Formel (X) S. 48 betragen diese die Wurzel aus der $k$-fachen Geldvermehrung; bei einer 100- bis 200-fachen entspricht die Größenordnung ($10^3$) des mit $\sqrt{k} = 10$ bis $14$ multiplizierten $k$ der inzwischen eingetretenen 1000- bis 2000-fachen Markentwertung.

### 8. Die Vermeidung der Nachteile einer ungeregelten Geldvermehrung. 23

Dazu kommt noch folgendes. Die eben dargelegte Verarmung weiter Volkskreise hat auf der andern Seite ebenso mühelose Bereicherung anderer Volkskreise (meist verhältnismäßig weniger Individuen) zufolge. Denn die Geldmengen, die von den verarmenden Kreisen an zu niederen Zuschlägen nicht eingenommen werden, müssen natürlich in der Volkswirtschaft irgendwie unterkommen; man kennt sie unter dem Namen der Schieberprofite. Die Kreise, denen sie zugute kommen, haben also Geldüberfluß; sie sind es vornehmlich, die Auslandspreise bezahlen können, und so wirkt diese Vergrößerung der Spannung zwischen arm und reich weiter auf eine Valutaverschlechterung.

Die übrigen Faktoren, die außerdem noch die Valuta beeinflussen, wirken gleichmäßig auf ein wertkonstantes wie auf ein variables Geld und scheiden darum hier aus. Sie sind zum großen Teil psychologischer Natur und im Verhältnis zu den obigen geldtheoretischen Einflüssen von untergeordneter Wichtigkeit und nicht von langer Dauer, so daß sie nur zu (manchmal ziemlich heftigen) Schwankungen um die theoretische Kurve herum Anlaß geben.

Natürlich treffen alle diese Beeinflussungen der Valuta durch Geldentwertung nur bei einem auf ein einzelnes Land beschränkten Geld (Papiergeld) ein; eine Vermehrung des Goldes z. B. und des durch die betreffenden Deckungsgesetze regulierten Notenumlaufes verteilt sich, da Gold internationales Währungsmaterial ist, auf die internationale Wirtschaft und ruft daher nur ganz vorübergehende und minimale Veränderungen in der Valuta hervor.

Die beiden großen Nachteile: die Spannung zwischen Inlandspreis und Weltmarktpreis (Valutaproblem) und zwischen arm und reich im Inland, gehen also auf die ungleichmäßigen unzureichenden und nicht allgemeinen Zuschläge der regellosen, besser: der verschämten Geldvermehrung zurück. Die gleitende Währung sorgt dafür, daß die Zuschläge gleichmäßig, allgemein und automatisch (sofort) ausbezahlt werden. Damit vermeidet sie die geschilderten schweren Schädigungen und wirkt auch in dieser Hinsicht im Sinne des Invarianzprinzips.

## 9. Die technische Anwendung und die politischen Folgen der variablen Währung.

Die Anwendung der gleitenden Währung gestaltet sich höchst einfach. Das Staatswesen hat statistisch die Menge des i m U m l a u f
b e f i n d l i c h e n Geldes, im Falle unserer reinen Papierwährung des Notenumlaufes, festzustellen, ferner den vermutlichen Bevölkerungszuwachs und die Höhe seiner Verpflichtungen bzw. sein Budget. Sodann gibt es bekannt, daß es alle seine Verpflichtungen (Zinsen, Gehälter, Renten usw.) zu jedem Zeitpunkt mit gewissen hieraus berechneten Zuschlägen ausbezahlt und erbietet sich jede Geldsumme zur Deponierung anzunehmen, beliebig zu verzinsen und mit ebensolchen Zuschlägen zurückzubezahlen. Natürlich erkennt es jedem dasselbe Recht und dieselbe Verpflichtung zu, die es selbst auf sich nimmt: die entsprechenden Summen, Preise usw. mit den entsprechenden Zuschlägen einzufordern und auszubezahlen. Ferner muß es zu erwachsenden Einlagen Aufnahmestellen schaffen, entweder dadurch, daß es genügend Filialen der Staatsbank (auch in kleinen Orten) errichtet oder dadurch, daß es sich verpflichtet, den vorhandenen übrigen Geldinstituten die rechnungsgemäß nachgewiesenen Zuschläge für Bargeldreserven zur Verfügung zu stellen. Dies sind alles Dinge, die sich automatisch durchsetzen werden.

Das Staatswesen leistet alle diese Zahlungen durch vermehrten Notendruck. Mit der Zeit werden wohl die Zahlenausdrücke sehr hoch. Es wird dann die ursprüngliche Geldeinheit aus dem Zahlungsverkehr verschwinden, ebenso wie gegenwärtig der Pfennig nicht mehr im Gebrauch ist. Die kleinste Note, die sich dann noch zu drucken verlohnt, wird eines Tages vielleicht der Tausendmarkschein sein, wie zum Beispiel in Brasilien der Milreis (tausend Reis) Rechnungseinheit ist. Kleinere Scheine zu drucken wäre ebenso unpraktisch wie teuer, da das Papiermaterial den Zuschlägen entsprechend im Preise steigt. Dagegen verursacht die höhere Ziffer, die auf den Schein gedruckt wird, keine Mehrkosten. Ebenso verschwinden auch die übrigen kleinen Geldscheine automatisch: sobald ihr Materialwert über dem Nennwert als Geld liegt,

### 9. Die techn. Anwendung und die politischen Folgen der variablen Währung.

werden sie als Altpapier eingestampft und industriell verwertet. Man kann dann das Verfahren ins Unendliche fortsetzen, oder, wenn man hohe Zahlen nicht liebt, alle Tausender-Scheine gegen neue Scheine einwechseln, die man wieder eine Mark nennt (natürlich entsprechend auch die übrigen Geldscheine), und so das Spiel von neuem beginnen. Da die Ausgleichung im ersten Zyklus vollständig war, ist sie es auch in jedem folgenden; man braucht also nicht zu fürchten, daß das System schließlich einem Zusammenbruche entgegeneilen müsse.

Wirtschaftspolitisch hat die variable Währung den Vorteil, daß alle Lohn- usw. -kämpfe, die auf die Geldentwertung zurückgehen (und das sind fast alle) in Wegfall kommen. Sind genügend Individuen von der Staatskasse abhängig, so werden auch genügend Individuen in der Lage sein, Zuschläge zu erhalten und entsprechend sie auch zu bezahlen; mit einem Bild: eine kreisförmig gebogene Regenrinne (der Wirtschaftskreis) wird eben so ziemlich an allen Punkten seiner Peripherie gleichmäßig mit Wasser (Geld) gespeist und kann darum auch überall gleichzeitig den gleichen Wasserstand haben.

Das Invarianzprinzip verlangt aber ferner, daß die gleitende Währung auch sonst politisch indifferent ist. Das heißt, sie darf keine politische Veränderung mit sich führen, darf aber auch keiner im Wege stehen. Will man also das gegenwärtige kapitalistische Wirtschaftssystem beibehalten, so hat sich der Staat zu verpflichten, den gegenwärtigen Zinsfuß weiter zu bezahlen und den Geldinstituten die erforderlichen Zuschläge zur Verfügung zu stellen. Durch Variation des Zinsfußes und aus der völlig freien Verfügung über beliebige Geldmengen des Staatswesens heraus kann aber jede beliebige Klassenpolitik von der feudalen bis zu der proletarischen betrieben werden. Überläßt man den Zinsfuß ohne willkürliche Variationen sich selbst, so kann man das erreichen, was die Anhänger des Bundes zur Brechung der Zinsknechtschaft und die Anhänger der Gesellschen Freigeldtheorie anstreben, nämlich das Verschwinden des Zinses. Läßt man die Bestimmung fort, daß den Geldinstituten die Zuschläge zur Ausgleichung der Bargeldreserven zu liefern sind, so kann man dadurch diese Geldinstitute (Banken) in jede gewünschte Abhängigkeit von der Staatsbank bringen, und dadurch,

9. Die techn. Anwendung und die politischen Folgen der variablen Währung.

daß die Abhängigkeit der Landesproduktion von diesen Geldinstituten bekannt ist, auch die Produktion in jeder gewünschten Weise vom Staate beeinflussen lassen.

Das letztere entspricht vielleicht der idealsten Vereinigung des individuellen und des sozialen Elementes in der Wirtschaft. — Wäre nur ein einziger Mensch auf der Erde, so könnte er, wenn auch nur primitiv, doch immerhin auf seinem Privateigentum produzieren und konsumieren. Produktion und Konsum muß also nicht unbedingt (logisch) ein soziales Moment in sich tragen. Zum Handel treiben gehören aber ex definitione mindestens zwei Menschen: der Handel trägt also ein soziales Moment in sich. Der rechnerische Ausdruck jedes Handels geschieht in Geld (auch in der Naturwirtschaft wird etwa ein Schaf gegen zwei Ziegen verrechnet; dieses Rechnungsystem ist ebenfalls als eine Art Geld anzusehen); das Geld ist also der Träger des sozialen Moments. Durch die angegebene Anwendung der gleitenden Währung würde nun die Staatsbank zum zentralen Geldinstitut (zur zentralen sozialen Institution), die auf alles, wo ein Zusammenwirken von Individuen seinen geldlichen Ausdruck findet, einen Einfluß hätte, ohne dabei an das Privateigentum rühren zu müssen, und so wie ein riesiges Herz den Wirtschaftskörper durchbluten würde.

Doch ist es ein Zeitverlust, die gleitende Währung mit einer dieser Anwendungen zu verquicken. Denn alle politischen Bestrebungen arbeiten mit einem großen Aufwand von moralischen Argumenten und haben große Interessengegensätze zu überwinden, so daß die Auseinandersetzungen endlose Zeit beanspruchen. Es ist daher fruchtbarer, eine rein technische Lösung des Staatsproblems zu finden, über deren besondere Anwendung man durch besondere Gesetze im speziellen entscheiden mag. Die variable Währung (die Staatsmaschine) gleicht somit einer Lokomotive, konstruiert auf den Gesetzen gleichsam der wirtschaftlichen Dampfspannungen, die je nach den Absichten des Führers dorthin fährt, wo er sie hinhaben will, je nach den Hebeln, die er in Bewegung setzt, ob er nun ein Anhänger einer absoluten Monarchie oder Kommunist oder reinster Anarchist ist.

# Theoretischer Anhang.
## Die Versicherung gegen Geldentwertung.

Die formalen Entwicklungen (Gleichungen) dieses Anhanges sind nicht so schwierig, wie ihr Anblick abschreckend wirkt. Sie sind vollkommen zu durchschauen für jeden, der einige primitive Dinge der Algebra (Gleichungen ersten Grades bis zu zwei Unbekannten) und einige Grundelemente der Differential- und Integralrechnung beherrscht, also für jeden Menschen mit Realgymnasialbildung bzw. mit den mageren Erinnerungen an einige Grundformeln. Besondere rechnerische Technik ist nicht erforderlich. Aber auch ohne mathematische Schulung können die Entwicklungen eingesehen werden, wenn man die gänzlich zwangläufige mathematische Behandlung ungeprüft hinnehmen will — sie ist völlig unproblematisch — und den Ansatz der Formeln (die Aufstellung der Gleichungen) kontrolliert. Dazu bedarf es keiner weiteren Kenntnisse, auch keiner besonderen volkswirtschaftlichen; das wenige, was hierzu notwendig ist, ist so elementar, daß die Tatsachen ohne weiteres für sich selbst sprechen.

Einige Abschnitte, die, wenn auch nicht weniger elementar, so doch etwas verwickelter und nicht so durchsichtig im Aufbau ihrer Formeln sind, sind glücklicherweise minder wichtig und üben auf das Endresultat keinen bzw. einen winzigen Einfluß aus. Es sind dies die Abschnitte 4, 7 a, 7 c, 8, 9, 10; sie können auch ganz übergangen werden.

## Bezeichnungen.

Mit wenigen Ausnahmen, für die sich ein anderer Buchstabe als Bezeichnung eingebürgert hat, sollen die geldwirtschaftlichen Faktoren, wenn sie in einen mathematischen Ausdruck eingehen, einfach durch Abkürzung des betreffenden Wortes gekennzeichnet werden:

$a =$ Amortisationsrate.
$b =$ Bargeld (bzw. Notenumlauf).

## Bezeichnungen.

$B$ = Bevölkerung = $1 + \Delta B$.
$\Delta B$ = Bevölkerungszuwachs (in Verhältniszahlen).
$D$ = Nationalvermögen.
$e$ = 2,7183 ... = Basis der natürlichen Logarithmen.
$E$ = Entwertung des Geldes.
$G$ = Gütermenge in Preisen ausgedrückt (Menge der **gehandelten** Güter).
$g$ = Güterzuwachs (unter Gütern sind sowohl Sachgüter als auch Leistungen usw. zu verstehen).
$K$ = Kaufeinheit = $1 + \Delta K$ = Geldeinheit + Entwertungszuschlag = $1/E$, unter Ausgleichung auch der Entwertung, die aus der Umlaufsbeschleunigung herrührt.
$k$ = $1 + \Delta k$ = Kaufeinheit, aber nur unter Ausgleichung der aus der Geldvermehrung herrührenden Entwertung.
$m$ = $b + s$ = Moneta = Geld = Bargeld + Scheckgeld.
$\nu$ = Zeit (Jahre, Monate bzw. deren Bruchteile).
$p$ = Geldvermehrung, auch Schuldigkeiten (Budget) des Staates.
$\pi$ = Bargeldvermehrung (bzw. Vermehrung des Notenumlaufes).
$q$ = $1 + z$ = Zinsfaktor.
$s$ = dem Scheckverkehr unterstehende Depositen, sogenanntes Scheckgeld.
$u$ = Umlaufsziffer.
$U$ = Umlaufsbeschleunigung = $1 + \Delta U$.
$\Delta U$ = Umlaufszuwachs.
$z$ = Zins.

Ein Index bei all diesen Zeichen gibt den speziellen geldwirtschaftlichen Faktor an, der zu einem speziellen Buchstaben gehört. Also z. B.:

$K_0$ = Kaufeinheit zur Zeit $\nu = 0$.
$K_\nu$ = „ „ „ $\nu = \nu$.
$u_b$ = Umlaufsziffer für Bargeld $b$ usw. — Unter log sind, soweit nicht anderes bemerkt, die natürlichen Logarithmen (auf Basis $e$) zu verstehen.

## 1. Umsatzgleichung (niedere Quantitätstheorie).

Die gesamte Geldmenge, die sich innerhalb eines Zeitraumes (eines Jahres) mehrfach ($u$-mal) umsetzt, stellt die Summe der allar Preise, die in dieser Zeit für Güter und Leistungen bezahlt werden, d. h.

(I) $\qquad m \text{ mal } u = G,$

bzw. wenn sich Geld, Güter und Umlaufsziffer vermehren

(I) $\qquad (m + p_v) \, u \cdot U_v = G + g_v$

($G$, $g_v$ sind, wie gesagt, die Güter in Preisen ausgedrückt).

Solange aus den statistischen Erfahrungen alle diese Faktoren bekannt sind, bzw. $m$ aus $b + s$, und der mittlere Umlauf $u$ von $m$ aus $\dfrac{b \, u_b + s \, u_s}{b + s} = u$ bestimmt werden können, können Geldentwertung, Preiserhöhung (Preissenkung) ermittelt werden und damit kann die Kaufkraft des Geldes festgestellt werden. Ohne derartige Daten aus der Erfahrung läßt sich, was die Gegner der Quantitätstheorie gegen diese ins Feld führen, nichts weiteres mit der Gleichung anfangen, da die Faktoren in ihrem Abhängigkeitsverhältnis untereinander unbekannt sind. Diese Abhängigkeiten werden aber durch das sogenannte Invarianzprinzip gegeben.

## 2. Das Invarianzprinzip (höhere Quantitätstheorie).

Man geht dabei davon aus, daß die wirtschaftliche Gesamtheit in ihrem Gleichgewichtszustande zu beharren steht und die individuellen Bevor- und Benachteiligungen (durch Abjagen des Vorteils und Abwälzen des Schadens) auf die Gesamtheit zu verteilen sucht. Solange keiner der Faktoren der vorigen Gleichung sich ändert, gleichen sich die etwaigen individuellen Bevor- und Benachteiligungen derart aus, daß das Endresultat unverändert bleibt. Ändert sich aber einer dieser Faktoren, so läßt sich aus der allgemeinen Abwälzung die neue Gleichgewichtsbedingung der Gesamtheit finden, ändern sich schließlich mehrere, so ist jeder für sich einzeln zu untersuchen und durch das Zusammenwirken die endliche Gleichgewichtsbedingung zu ermitteln.

Das Problem dieser Schrift ist, die Wirkungen der Geldvermehrung

## 2. Das Invarianzprinzip (höhere Quantitätstheorie).

theoretisch zu bestimmen. Vermehrt sich also die ursprüngliche Geldmenge $m$ um $p$ auf $m + p$, so ist die Auszahlung der $p$ mit einer Benach- oder Bevorteiligung irgendwelcher Art verbunden, die sich in Geldwert ausdrücken läßt und durch Zuschläge bzw. Abzüge auf die gesamte Geldmenge im entsprechenden Verhältnis abzuwälzen sind. (Wir lassen vorläufig die Umlaufsziffer $u$ außer Betracht.) Es ist also derjenige Zuschlag (bzw. — wir lassen es noch offen — Abzug) $\Delta k$ zu suchen, der zu jeder der $p$-Geldeinheiten zu bezahlen ist, so daß jede der $m$-Geldeinheiten denselben Zuschlag (Abzug) erhält. D. h. es soll sein

$$m + p + p \cdot \Delta k = m + m \cdot \Delta k$$
$$m + p\,(1 + \Delta k) = m\,(1 + \Delta k); \; p\,(1 + \Delta k) = m \cdot \Delta k,$$

oder wenn man für $(1 + \Delta k)$ das Zeichen $k$ schreibt,

$$m + p\,k = m\,k. \text{ Hieraus ermittelt sich}$$

$$k\,(m - p) = m; \; k = \frac{m}{m - p}; \; \Delta k = \frac{p}{m - p}. \tag{II}$$

Für positive $p$, also bei Geldvermehrung, ist $\Delta k > 0$; $k > 1$; es handelt sich also um Zuschläge, durch die Benachteiligungen (durch Geldentwertung) ausgeglichen werden.

Analoges kann man auch für die Gütervermehrung aufstellen; aber diese ist hier nicht Problem.

### Die Paradoxie vom Hasen und der Schildkröte.

Aus der vorigen Gleichung ist zu ersehen, daß $k$ (= der Geldeinheit [Mark] + ihren Zuschlägen), d. h. der Geldbetrag, der als erhöhter Preis (Preiseinheit) allgemein verlangt und bezahlt wird, wo vorhin die Geldeinheit verlangt und bezahlt wurde, und der (als Kaufeinheit) nunmehr dasselbe kauft, was vorher die Geldeinheit kaufte, proportional ist dem Verhältnis aus der ursprünglichen Geldmenge + deren Zuwachs zu der ursprünglichen Geldmenge, d. h. der totalen vermehrten zu der ursprünglichen. Dieser Satz kann auch unabhängig hiervon aus der gewöhnlichen Quantitätstheorie gewonnen werden, wenn man Umlaufsziffer und Gütermenge unverändert läßt; er wird aber dort von vielen Theoretikern angefeindet.

Würde man nun die $p$ ohne die ausgleichenden Zuschläge aus-

## 2. Das Invarianzprinzip (höhere Quantitätstheorie).

bezahlen und $k$ nur aus dem Verhältnis $k = \dfrac{m+p}{m} = 1 + \dfrac{p}{m}; \Delta k = \dfrac{p}{m}$ bestimmen, so würden die Empfänger der $p$ benachteiligt worden sein, da sie um $p \cdot \dfrac{p}{m}$ zu wenig erhalten haben. Vermehrt man aber die $p$ um diesen Betrag, so wird $k = \dfrac{m + p + p\left(\frac{p}{m}\right)}{m} = 1 + \left(\dfrac{p}{m}\right) + \left(\dfrac{p}{m}\right)^2$ und die Empfänger sind um $p\left(\dfrac{p}{m}\right)^2$ im Rückstand, und so ins Unendliche weiter. Die Meinung, daß dieser Rückstand nie eingeholt werden könne, ist aber irrig. Wir haben es hier mit dem Schraubenproblem zu tun, das in anderer Form schon den antiken Philosophen unter der Paradoxie vom Hasen und der Schildkröte bekannt war.

Wenn die Schildkröte einen Vorsprung von $1$ hat — etwa 1 km — und jedesmal das $p$ fache zurücklegt, während der Hase das $m$ fache zurücklegt, also immer das $\dfrac{p}{m}$ fache der Strecke durchläuft, die der Hase einholt, so hat sie, wenn der Hase den ursprünglichen Vorsprung von $1$ eingeholt hat, nur mehr einen solchen von $\dfrac{p}{m}$. Holt der Hase auch diese $\dfrac{p}{m}$ ein, so hat die Schildkröte einen weiteren Vorsprung von $\dfrac{p}{m} \cdot \dfrac{p}{m} = \left(\dfrac{p}{m}\right)^2$ usw. durch die Potenzen von $\left(\dfrac{p}{m}\right)$, bis allgemein sie bei jedem Vorsprung $\left(\dfrac{p}{m}\right)^n$, den der Hase einholt, einen Vorsprung $\left(\dfrac{p}{m}\right)^{n+1}$ hat. Der Hase kommt ihr also immer näher, ohne daß der letzte Vorsprung in einem endlichen Ausdruck verschwindet. Trotzdem holt der Hase die Schildkröte ein, wenn man die obige Reihe ins Unendliche fortsetzt. Für immer größere $n$ nämlich nähert sich — unter der Bedingung, daß p kleiner als m ist — der Vorsprung $\left(\frac{p}{m}\right)^n$ immer mehr der *0*, bis er (für unendliche große n) = *0* verschwindet. Die gesamte Strecke, die der Hase durchläuft, bis er die Schildkröte einholt, ist also:

$$\lim_{n=\infty}\left[1+\frac{p}{m}+\left(\frac{p}{m}\right)^2+\left(\frac{p}{m}\right)^3+\cdots+\left(\frac{p}{m}\right)^n\right]$$
$$=\sum_{0}^{\infty}{}^n\left(\frac{p}{m}\right)^n=\frac{1}{1-\frac{p}{m}}=\frac{m}{m-p}.$$

Ebenso verhält es sich zwischen den Empfängern der p und den Inhabern der m.

## 3. Die stetige Inflation.

Die Formel (II) wird unbrauchbar, wenn p so groß wie m wird. Denn $\lim\limits_{m=p}\left(\frac{m}{m-p}\right)=\frac{m}{0}=\infty$. Es ist aber die Aufgabe trotzdem lösbar. Beziehen sich nämlich die p auf eine gewisse Zeit ν (soll z. B. das Staatswesen verpflichtet sein, im Laufe jedes Jahres p Mark an Löhnen, Gehältern usw. auszubezahlen), so kann man p in n Teile zerlegen und in jedem n Teile der Zeit ν nur $\frac{p\,\nu}{n}$ ausbezahlen (etwa zu Anfang jedes Halbjahres die Hälfte von p Mark).

Für unendliche große n wird ν zu d ν (= der unendlich kleinen Zeit) und die Gleichung $m\,\Delta k = p \cdot k \cdot \nu$ geht über in die Differentialgleichung

$$m\,k_{d\nu} - m\,k_0 = m + p \cdot d\nu \cdot k - (m + p \cdot o \cdot k) \qquad [k_0 = 1]$$
$$m \cdot dk = p \cdot k \cdot d\nu.$$

Die Integration ist höchst einfach. Man dividiert die Gleichung $m \cdot dk = p \cdot k \cdot d\nu$ durch $m \cdot k$:

(3) $$\frac{dk}{k}=\frac{p}{m}\cdot d\nu$$

und erhält dann links das bekannte (zunächst unbestimmte) Integral von $\frac{dk}{k}$, nämlich $\log k + C_1$, und rechts das Integral von $\frac{p}{m} dv$, nämlich $\frac{p}{m} \cdot v + C_2$. Da man aber die Zuschläge zwischen dem Zeitpunkt $v = v$ und dem (Anfangs-)Zeitpunkt $v = 0$ wissen will, ergibt sich das bestimmte Integral: $\log k = \frac{p}{m} v - \frac{p}{m} \cdot 0 = \frac{p}{m} v$; es ist also durch Integration die gesuchte Kaufeinheit für die Zeit $v$

(III) $$k = e^{\frac{p}{m} \cdot v}.$$

Dementsprechend ist auch $k_0 = e^{\frac{p}{m} \cdot 0} = 1$; die Kaufeinheit für die Zeit $0$ ist gleich der Geldeinheit $1$; die Zuschläge für die Anfangszeit $0$ sind gleich $0$. Bei dieser Verteilung der Ausgleichung geschieht im Unterschied zu der durch Formel (II) bestimmten die Ausgabe der $p k$ nicht ruckweise (auf einmal), sondern sie wird gleichmäßig über das ganz Jahr verteilt. In der Praxis sind also die Schuldigkeiten $p$ in möglichst kleine Raten zu zerlegen; monatliche Raten dürften aber auch für sehr große $p$ völlig ausreichend sein. Demgemäß wachsen auch die $k$ gleichmäßig, und zwar geometrisch.

## 4. Korrektur durch die Amortisationsrate.

Die obige Entwicklung enthält noch eine kleine Unschärfe. Sie ist zwar für die Praxis nicht von merklichem Einfluß. Bezahlt nämlich der Staat seine Schuldigkeiten nicht auf einmal, sondern nur die entsprechende Rate, so muß er strenggenommen für den stehenbleibenden Rest Zins und Zinseszins bezahlen, bzw. muß er, wenn er seine Zahlungen vor deren Fälligkeit leistet, auf dieselbe Weise hierfür entschädigt werden. Er muß dann die Raten so einrichten, daß sie die $p$ entsprechend mit $p \cdot \frac{q^v - 1}{q - 1}$ amortisieren.

Für unendlich kleine Zeiten ergibt sich hieraus

$$p \cdot \frac{q^{dv} - 1}{q - 1} = p \cdot dv \cdot \frac{\log q}{q - 1} = p \cdot dv \frac{\log q}{z}. \qquad (3\,a)$$

Für die gewöhnlichen kleinen $z = q-1$ (wenige Prozent) wird dies nahe gleich $p \cdot dv$. Die obige Formel korrigiert sich demnach in

$$k = e^{\frac{p}{m} \cdot \frac{\log q}{z} \cdot v} \quad \text{nahe} = e^{\frac{p}{m} v}. \tag{III a}$$

Sind die $p$ zu Anfang der Periode (des Jahres) fällig, so sind sie zum Schluß auf $pq$ angewachsen; die Amortisationsrate beträgt dann das $q$ fache, oder

$$k = e^{\frac{p}{m} \cdot q \cdot \frac{\log q}{z} \cdot v} \quad \text{nahe} = e^{\frac{p}{m} \cdot q \cdot v}. \tag{III b}$$

## 5. Einfluß auf Gütermenge und Scheckgeld.

Die variable Währung hat an sich keinen Einfluß auf die Güterproduktion. Denn, da sie sich zum Ziel gesetzt hat, alle Schädigungen, die aus der Geldvermehrung fließen, durch die entsprechenden Zuschläge auszugleichen, ist sie für Änderungen des Preisniveaus, etwa durch anderweitig bedingte Produktionssteigerung bzw. Minderung ebensowenig verantwortlich wie eine feste Geldwährung. Es ist ja nicht die Aufgabe der variablen Währung, alle Preisbewegungen, alles freie Spiel der Produktionskräfte zu unterbinden; alle diese Modifikationen sollen weiter möglich bleiben auf dem Boden der variablen Währung, ebenso wie man in einem (gleichförmig und gradlinig) fahrenden Eisenbahnzug alle Bewegungen ausführen kann, die auch auf festem Boden möglich sind. Trotzdem zeigt die Erfahrung, daß diese Veränderungen, was die Gütermenge betrifft, völlig in den Grenzen der Gleichungen des Invarianzprinzips bleibend. Deduktiv kann man dasselbe finden, wenn man dem Invarianzprinzip die Deutung eines Trägheitsgesetzes gibt, demzufolge keine Änderung in der Produktionsmenge usw. eintritt, ohne daß die Produzierenden durch irgend eine Verschlechterung ihrer Lage dazu gezwungen sind.

Es eröffnet dies vielleicht etwas traurige Perspektiven über den Wert und die Bedeutung des menschlichen Strebens, über den Segen technischer Errungenschaften. Doch dies nur nebenbei. Die in einem folgenden Abschnitt gebrachte Vergleichung mit den Statistiken zeigt jedenfalls, daß nach dem Invarianzprinzip sich die Geldmenge $m$ nach

## 5. Einfluß auf Gütermenge und Scheckgeld.

der Formel (III) insgesamt auf $m \cdot e^{\frac{p}{m} \cdot v}$ vermehren muß. Werden die Zuschläge nicht ausbezahlt, wie es in der untersuchten Zeit der regellosen Geldvermehrung der Fall war und steigt das Bargeld nicht um den angegebenen Betrag, so muß das sogenannte Scheckgeld (genauer: die Menge der den Scheckverkehr zugrunde liegenden Depositen-Bankguthaben usw.) das Differenz hereinbringen und entsprechend anwachsen. Dieses Anwachsen geschieht zum Teil dadurch, daß die Depositen durch den höhern Ertrag, den sie (entsprechend der Preissteigerung) abwerfen, höheren Kurswert annehmen, zum Teil, wenn dadurch die Differenz noch nicht ausgeglichen ist, durch Investierung neuen Kapitals, das die Produktion entsprechend vermehrt. Beides drückt sich durch entsprechende Erhöhung der Gütermenge bzw. des Handelsvolumens aus, welche ja nach (I) in Preisen ausgedrückt war; und die beiden Vermehrungen kompensieren einander.

Bei einer einseitigen Vermehrung des Notenumlaufs steigt das Metallgeld im allgemeinen ebenso wie jede andere Ware im Preis (in Papiergeld ausgedrückt), da seine Menge gegenüber der Papiergeldmenge sich nicht vermehrt. Bei einseitiger Papiergeldausgabe ist daher nur der Notenumlauf in Rechnung zu ziehen.

Hieraus ergibt sich auch, daß man die Vermehrung des Bargelds allein (bzw. des Notenumlaufs) als Ursache der Geldentwertungsvorgänge betrachten kann. Wenn die Geldmenge $m$ sich nämlich um $pk$ auf $m + pk = mk$ erhöht, so wird $k = \dfrac{m}{m-p}$; $\Delta k = \dfrac{p}{m-p}$. Die Depositen $s$ bringen nun $k$ fache Erträge und steigen somit automatisch auf $sk$. Es bleibt also für das Bargeld $b = m - s$ übrig: $mk - sk = bk = b\dfrac{m}{m-p} = b\dfrac{p}{m-p} + b$, d. h. es nimmt ebenfalls proportional den $m$ und $s$ zu. Bezeichnet man $b \cdot \Delta k$ (die Zunahme der $b$) mit $\pi k$, so wird dann $k = \dfrac{b + \pi k}{b} = \dfrac{b}{b - \pi} = \dfrac{m}{m-p}$; $\dfrac{\pi}{p} = \dfrac{b}{m}$. Man kann also in sämtlichen Gleichungen (analog auch in den infinitesimalen) die totalen

## 5. Einfluß auf Gütermenge und Scheckgeld.

Geldmengen $m$, $p$ durch die proportionalen Bargeldmengen (bzw. den Notenumlauf) $b$, $\pi$ ersetzen.

In der regellosen Geldentwertung der Erfahrung werden die $\pi$ ebensowenig wie die $p$ mit den Zuschlägen bezahlt. Es vermehrt sich daher zunächst $b$ bloß auf $b + \pi$; $s$ auf $s\,\dfrac{b+\pi}{b}$ und proportional $m = b + s$ auf $(b+s)\,\dfrac{b+\pi}{b}$. Was darüber hinaus noch an $m\,e^{\frac{p}{m}\nu} = m \cdot e^{\frac{\pi}{b}\nu}$ fehlt, wird durch weitere Vermehrung der $s$ ausgeglichen, die aber notgedrungen (siehe oben) durch Vermehrung der gehandelten Güter in ihrer Wirkung auf die Preise konpensiert wird, wie auch die obige proportionale Erhöhung des Nennwerts der $s$ sich durch die proportionale Erhöhung des Preisausdrucks der $G$ konpensiert.

Die Menge des Scheckgeldes zur Zeit $\nu$ ergibt sich demnach aus $s_\nu = m\,e^{\frac{\pi}{b}\nu} - (b + \pi_\nu)$. Derselbe Ausdruck ergibt auch die kompensierende Vermehrung der in Preisen ausgedrückten Güter $G$.

Ebenso führt die im folgenden behandelte Erhöhung der Umlaufsziffer, die Umlaufsbeschleunigung, wenn sie nicht durch Zuschläge ausgeglichen wird (variable Währung), zu einer Erhöhung der Gütermenge durch gesteigerte Produktion, so daß sie, wie vorhin die Vermehrung des Scheckgeldes, durch diese kompensiert wird und keinen Einfluß auf die Preisbildung hat (regellose Geldentwertung). Wir bezeichnen daher der Einfachheit halber auch die entsprechende Vermehrung der $G$ mit demselben Buchstaben $U$.

Für den Gesamtumsatz ergibt sich also zur Zeit $\nu$ der Ausdruck

$$m\left[\left(\frac{m+p\,\nu}{m}\right) + \left(\frac{m\,e^{\frac{p}{m}\nu}}{m} - \frac{(m+p\,\nu)}{m}\right)\right] u \cdot U_\nu$$
$$= \left[G + G\left(e^{\frac{p}{m}\nu} - \frac{m+p\,\nu}{m}\right)\right] U_\nu$$

oder da nach der ursprünglichen Umsatzgleichung (I) $m \cdot u = G$

$$(m + p\,\nu)\,u = G_\nu;\quad \frac{(m+p\,\nu)\,u}{m \cdot u} = \frac{b + \pi\,\nu}{b} = \frac{G_\nu}{G_0}.$$

## 6. Einfluß des Bevölkerungszuwachses.

Es bleibt dann nur ein Faktor noch übrig, der nicht auf der Gegenseite kompensiert wird: die Bevölkerungsvermehrung $B^\nu = 1 + \Delta B^\nu$ [1]).
Denn offenbar vermehrt sich die Güterseite der Gleichung durch das Hinzukommen weiterer produzierender bzw. handeltreibender Individuen. Im allgemeinen ist diese Zunahme proportional der Zunahme der Bevölkerungsziffer, jedenfalls ist der Fehler, der durch diese Vertauschung begangen wird, minimal. Es soll dann die Gesamtumsatzgleichung gelten:

$$\left[(m+p\,\nu) + \left(m\,e^{\frac{p}{m}\nu} - (m+p\,\nu)\right)\right] \cdot u \cdot U_\nu$$
$$= \left[G + G\left(e^{\frac{p}{m}\nu} - \frac{m+p\,\nu}{m}\right) + G \cdot \Delta B^\nu\right] U_\nu$$

und hieraus $u\,(m+p\,\nu) = G\,(1+\Delta B^\nu) = G\,B^\nu$; $\dfrac{m+p\,\nu}{B^\nu} \cdot u = G$.

Ist überall $\nu = 0$, so ergibt sich hieraus für die Anfangszeit $G = m \cdot u$ und hieraus

$$\frac{G_\nu}{G_0} = \frac{\dfrac{m+p\,\nu}{B^\nu} \cdot u}{m \cdot u} = \frac{m+p\,\nu}{m \cdot B^\nu} = \frac{b+\pi\,\nu}{b \cdot B^\nu}$$
$$= \frac{m+p\,\nu}{m} \cdot B^{-\nu} = \frac{m+p\,\nu}{m}(1+\Delta B^{-\nu})$$
$$= \frac{b+\pi\,\nu}{b} \cdot B^{-\nu} = \frac{b+\pi\,\nu}{b}(1+\Delta B^{-\nu}).$$

---

[1]) Unter der proportionalen Bevölkerungsvermehrung ist das Verhältnis der Bevölkerungsziffer im Zeitpunkt $\nu$ zu der ursprünglichen zu verstehen: in Symbolen $\dfrac{B_\nu}{B_0} = B_\nu = 1 + \Delta B_\nu$. Daß wir sie als Exponentialgröße $B^\nu = e^{\nu \log B}$ einführen, geschieht der rechnerischen Vereinfachung halber, wie auch darum, daß das Exponentialgesetz der sich apriori ergebende Ausdruck für die Bevölkerungsvermehrung unter sonst absolut gleichen Verhältnissen ist. Im allgemeinen hat auch die statistische Erfahrung gezeigt, daß die Bevölkerungsbewegung nach dieser geometrischen Reihe geht, und daß die Abweichungen unerheblich sind. Man kann aber, wenn man darauf Wert legt, sie immerhin durch eine genauere Interpolationsformel ersetzen.

## 6. Einfluß des Bevölkerungszuwachses.

Da nun $p$, $b$, $m$, $\pi$ in Geldeinheiten ausgedrückt sind, $G$ aber die sich gleichbleibende Menge der Güter, Leistungen usw. in Preisen ausgedrückt bedeutet, kann die obige Gleichung nur dann einen Sinn haben, wenn sich entweder der Preisausdruck der $G$ geändert hat, oder wenn sich — bei Ausdruck der gleichbleibenden Gütermenge in ein und derselben Einheit (Gütereinheit, etwa einer Einheitsware) — die Geldeinheit $E$ geändert (entwertet) hat. Versieht man darum den Zähler mit dem Entwertungsfaktor $E_\nu$ (der Geldeinheit zur Zeit $\nu$); den Nenner mit dem Entwertungsfaktor $E_0 = 1$ (der Geldeinheit zur Zeit $o$) so wird

$$\frac{G_\nu}{G_0} = 1 = \frac{\frac{m+p\nu}{B_\nu} \cdot E_\nu}{m \cdot E_0}; \quad E_\nu = \frac{m \cdot B^\nu}{m+p\nu}; \quad \text{oder, da } E_\nu = \frac{1}{k_\nu} \text{ (weil die}$$

Kaufeinheit als Reziproke der Entwertung diese ausgleichen soll)

(IV) $$k_\nu = \frac{m+p\nu}{m B^\nu} = \left(\frac{b+\pi\nu}{b \cdot B^\nu}\right)$$

Für die variable Währung ergibt sich, damit die Bedingung

$$\frac{\frac{m+p\cdot\nu\cdot k}{B^\nu} \cdot E_\nu}{m \cdot E_0} = \frac{1+\frac{p}{m}\cdot\nu\cdot k}{(1+\Delta B^\nu)} \cdot \frac{1}{k_\nu} = \frac{G_\nu}{G_0} = 1 \text{ erfüllt wird, für } k$$

der Wert

$$(1+\Delta B^\nu) \cdot k = k + k \cdot \Delta B^\nu = 1+\Delta k + k(B^\nu - 1) = 1 + \left(\frac{p}{m}\right)\nu \cdot k$$

und nach Übergang zur Grenze, da $B^{d\nu} = 1 + \dfrac{d\nu \cdot \log B}{1!} + \dfrac{(d\nu)^2 (\log B)^2}{2!}\cdots$,

unter Vernachlässigung der unendlich kleinen Größen höherer Ordnung.

$$dk + k(1+d\nu \log B - 1) = \frac{p}{m} \cdot d\nu \cdot k; \quad \frac{dk}{k} = \left(\frac{p}{m} - \log B\right) d\nu \text{ oder}$$

(V) $$k = e^{\left(\frac{p}{m} - \log B\right)\nu} = \frac{e^{\frac{p}{m}\cdot\nu}}{B^\nu} = \frac{e^{\frac{\pi}{b}\nu}}{B^\nu}.$$ In Übereinstimmung mit dem

vorigen Ergebnis dividiert sich also das Verhältnis der Geldmengen noch durch das Verhältnis der Bevölkerungsziffern.

Man kann dasselbe Resultat etwas eleganter erreichen, wobei man sogar ganz auf der Geldseite der Umsatzgleichung bleiben und die Produktionserhöhung durch die Bevölkerungsvermehrung durch einen rein geldtheoretischen Faktor ersetzen kann. Es hat dies hier nur den methodischen Nachteil, daß es bereits in das Gebiet der Umlaufsbeschleunigungen hereinspielt, die wir im nächsten Kapitel behandeln werden. Wir wollen sie aber als Übergang hier behandeln. Durch das Hinzukommen neuer Individuen in den Wirtschaftskreis vergrößert sich dieser; nämlich die Strecke $m \cdot u \cdot k \cdot U$, die der gesamte Umsatz eben ausfüllt, wird entsprechend größer, dementsprechend vermindert sich die Zahl, wie oft der Wirtschaftskreis in einer gewissen Zeit durchlaufen wird, d. h. die Umlaufsziffer sinkt entsprechend. Dementsprechend ist in der Umsatzgleichung das Glied $m \cdot u \cdot k \cdot U \cdot \Delta B^v$ zu subtrahieren. Hieraus ergibt sich aber, wenn $U = 1$ gesetzt wird,

$$m \cdot u (1 + \Delta k) = m \cdot u + p \cdot u \cdot v \cdot k - m \cdot u \cdot k (B^v - 1)$$

bzw. nach Grenzübergang:

$$\frac{dk}{k} = \frac{p}{m} \cdot dv - (1 + [dv \log B - 1]); \quad \log k = \left(\frac{p}{m} - \log B\right) dv$$

(V) $$k = \frac{e^{\frac{p}{m} \cdot v}}{B^v} = \frac{e^{\frac{\pi}{b} \cdot v}}{B^v}.$$

## 7. Die Ausgleichung der Beschleunigung.

Offenbar ist durch die bisherigen Maßnahmen noch keine völlige Invarianz erreicht. Es sind wohl die Benachteiligungen dem Empfänger der $p$ auf die Gesamtheit abgewälzt. Aber auch an dem Besitz der $m$ wird ein Verlust $m \cdot \Delta k$ erlitten dadurch, daß dieses Bargeld nicht die Wertsteigerung mitmacht. Durch weitere Zuschläge auf die $p$ (also durch direkte Geldvermehrung) kann die Aufgabe nicht gelöst werden, da $p$ durch $k$ fache Auszahlung bereits ausgeglichen worden ist. Es wirkt also das Invarianzprinzip auf eine weitere Erhöhung des Umsatzes, nämlich auf eine Umlaufsbeschleunigung, die selbst wieder auf eine Erhöhung von $k$ zurückwirkt. Wir drücken dies dadurch aus, daß wir an Stelle von $k$ nunmehr $K$ gleich $Uk$ setzen, wobei die Erhöhung von $k$ um das $U$ fache ausdrückt, daß auch Verluste durch die Um-

## 7. Die Ausgleichung der Beschleunigung.

laufsbeschleunigung $U$ proportional dieser ausgeglichen werden sollen. Außerdem sinkt der Zinsfuß, und zwar sinkt er proportional der Umlaufsbeschleunigung, da um so weniger Zins bezahlt wird, je flüssiger das Geld umläuft. Der Zinsverlust betrifft nun nicht nur die umlaufende Geldmenge $m$, sondern das gesamte übrige Nationalvermögen $D$, das seinerseits sowohl verzinst als auch amortisiert wird (mindestens in seiner kaufmännischen Verrechnung) und theoretisch aus seinem Erträgnis durch Kapitalisierung (gewöhnlich zu 5 %) errechnet wird. Sinkt aber das Zinserträgnis, so sinkt auch dieses (das kapitalisierte Erträgnis) selbst. Dieser Kapitalsverlust muß aber amortisiert werden; oder anders formuliert, die Amortisationsrate des so errechneten Kapitals sinkt proportional der Umlaufsbeschleunigung. Alle diese Verluste müssen durch die Ausgleichung der Umlaufsbeschleunigung auf die allgemeinen Zuschläge abgewälzt werden.

### a) Methode des invarianten Gesamtumsatzes.

Nach dem Invarianzprinzip wird aus der (Umsatz-)Gleichung auf der linken Seite

$$m \cdot u \cdot K = m \cdot u \cdot (U k) =$$
$$= m \cdot u + p \cdot u \cdot (U k) + m \Delta (U k) + (D+m) k \cdot \Delta U \cdot q \frac{q^\nu - 1}{q - 1}, \quad (1\,a)$$

und für unendlich kleine Zeiten, für die auch die Umlaufsziffer unendlich klein $= u\,d\,\nu$ wird, wird in Befolgung des bei Gleichung (3) gezeigten Grenzübergangs

$$dK = d(U k) =$$
$$= \frac{p}{m} \cdot d\nu \cdot (U k) + \frac{d(U k)}{u \cdot d\nu} + \frac{\left(\frac{D}{m} + 1\right) k \cdot dU}{u \cdot d\nu} \cdot q \frac{\log q}{q - 1} d\nu \quad (1\,a)$$

Das letzte Glied rechts stellt den Ausgleich der der Umlaufsbeschleunigung umgekehrt proportionalen Wertverminderung (aus dem Verlust an der Amortisationsrate des natürlich das $k$ fache wertenden) Nationalvermögens $D$ und der Geldmenge $m$ dar. Es geht reibungslos in die Gleichung ein, dagegen macht das vorletzte Glied noch Schwierigkeiten,

## 7. Die Ausgleichung der Beschleunigung.

da es gegenüber den übrigen unendlich kleinen Gliedern endlich geblieben ist. Man multipliziert daher zur Ausgleichung auf die beliebige (aber nicht variable) Zeit $n$ mit der (allgemeinen) Amortisationsrate $q^n \dfrac{\log q}{q^n-1} \cdot d\nu$. Setzt man hierin $n = 1$, so wird $\dfrac{q^n}{q^n-1} \cdot d\nu \cdot \log z u \, q \dfrac{\log q}{z} d\nu$ nahe $= q \cdot d\nu$ und fällt mit der Amortisationsfrage des letzten Gliedes zusammen. Beide sind jedoch prinzipiell getrennt zu halten, da es sich, was den Wertverlust am Nationalvermögen betrifft, um eine stetige der Zeit (entsprechend dem Zinsverlust) proportionale Wertabnahme handelt, während im Falle des vorletzten Gliedes eine einmalige Summe $m \cdot \Delta K$ durch Amortisation in zunächst beliebig langer Zeit $n$ hereinzubringen ist. $n$ ist also eine beliebige Konstante; der allgemeine Fall, wo $n = \nu$, wird später besprochen. Es wird dann nach Ausführung der Differentiation, Division durch $U k$ und Vereinigung aller Glieder mit Unbekannten

(6) $\qquad \dfrac{dk}{k}\left(1 - \dfrac{q}{u}\right) + \dfrac{dU}{U}\left[1 - \left(\dfrac{D}{m} + 2\right)\dfrac{q}{u}\right] = \dfrac{p}{m} d\nu;$

bzw. wenn $\dfrac{dk}{k} = \dfrac{p}{m} \cdot d\nu$ (nach [3]).

(VI), (VII) $\quad U = e^{\dfrac{p}{m} \cdot \nu \, \dfrac{q \frac{\log q}{q-1}}{u - \left(\frac{D}{m}+2\right)q \frac{\log q}{q-1}}}$ nahe $= e^{\dfrac{p}{m} \cdot \nu \, \dfrac{q}{u - \left(\frac{D}{m}+2\right)q}};$

$K$ nahe $= e^{\dfrac{p}{m} \cdot \nu \, \dfrac{u - \left(\frac{D}{m}+1\right)q}{u - \left(\frac{D}{m}+2\right)q}}.$

Für den allgemeinen Fall, wo $n \neq 1$ ist, ergibt sich

(6a) $\qquad \dfrac{dk}{k}\left(1 - \dfrac{\log q}{u} \cdot \dfrac{q^n}{q^n-1}\right) +$

$+ \dfrac{dU}{U}\left[\left(1 - \left(\dfrac{D}{m}+1\right)\dfrac{\log q}{u} \cdot \dfrac{q}{q-1}\right) - \dfrac{\log q}{u} \cdot \dfrac{q^n-1}{q^n}\right] = \dfrac{p}{m} \cdot d\nu.$

Nach dem vorigen Paragraphen ist aber $\log k = \dfrac{p}{m} \cdot \nu;\ \dfrac{dk}{k} = \dfrac{p}{m} d\nu,$

also:

(VI a) 
$$U = e^{\frac{p}{m} \cdot v \cdot \frac{\log q \frac{q^n}{q^n-1}}{u-\left(\frac{D}{m}+1\right)q - \log q \frac{q^n}{q^n-1}}}$$

$$= e^{\frac{\pi}{b} \cdot v \cdot \frac{\log q \cdot q^n}{\left(u-\left[\frac{D}{m}+1\right]q\right)\left(q^n-1\right) - q^n \log q}}.$$

(VII a) 
$$K = e^{\frac{p}{m} \cdot v \cdot \frac{u-\left(\frac{D}{m}+1\right)q}{\left(u-\left[\frac{D}{m}+1\right]q\right) - \log q \frac{q^n}{q^n-1}}}$$

$$= e^{\frac{\pi}{b} \cdot v \cdot \frac{\left(u-\left[\frac{D}{m}+1\right]q\right)\left(b^n-1\right)}{\left(u-\left[\frac{D}{m}+1\right]q\right)\left(q^n-1\right) - q^n \cdot \log q}}.$$

### Einfluß der Bevölkerungsvermehrung auf Zinsfuß und Umlaufsziffer.

Die vorigen Gleichungen (I a), (6), (6 a) sind rechts noch um ein Glied zu vermindern: $m \cdot u \cdot k \cdot U \cdot \Delta B^v$, wobei $\Delta B^v$ den Bevölkerungszuwachs bedeutet. Denn wie schon oben angedeutet, vergrößert sich durch das Hinzukommen neuer Individuen der Wirtschaftskreis, entsprechend sinkt die Umlaufsziffer und die Umlaufsgeschwindigkeit muß sich um ebensoviel verlangsamen. Diese Verlangsamung aber erhöht den Zinsfuß (bzw. die Amortisationsrate) wieder entsprechend und zur Erreichung der Invarianz ist daher durch die Beschleunigung $U$ um $m \cdot u \cdot k \cdot U \cdot \Delta B^v$ weniger hereinzubringen. Für unendlich kleine Zeiten wird daraus
$m \cdot k \cdot u \cdot \Delta B^{dv} = m \cdot k \cdot u \cdot U \cdot (B^{dv} - 1) = m \cdot k \cdot u \cdot U \cdot dv \cdot \log B;$
es vermindert sich dann rechts (bei Ordnung der Gleichung) $\frac{p}{m} \cdot dv$ um $dv \log B$, und es tritt überall an Stelle von $e^{\frac{p}{m}v}$ nunmehr $e^{\left(\frac{p}{m} - \log B\right)v}$. Ebenso ist natürlich dann in dem Ausdruck für $k$ der Bevölkerungszuwachs zu berücksichtigen, es muß also für $\log k$ der Ausdruck $\log k = \left(\frac{p}{m} - \log B\right)v$ eingesetzt werden, also:

## 7. Die Ausgleichung der Beschleunigung.

(VI b), (VI c)

$$U = \left(\frac{e^{\frac{p}{m} \cdot \nu}}{B^\nu}\right) \cdot \frac{q}{u - \left(\frac{D}{m}+2\right)q} \quad \text{bzw.} = \left(\frac{e^{\frac{p}{m} \cdot \nu}}{B^\nu}\right) \frac{q^n \log q}{\left(u - \left[\frac{D}{m}+1\right]q\right)(q^n-1) - q^n \log q}$$

(VII b), (VII c)

$$K = \left(\frac{e^{\frac{p}{m} \cdot \nu}}{B^\nu}\right) \frac{u - \left(\frac{D}{m}+1\right)q}{u - \left(\frac{D}{m}+2\right)q} \quad \text{bzw.} = \left(\frac{e^{\frac{p}{m} \cdot \nu}}{B^\nu}\right) \frac{\left(u - \left[\frac{D}{m}+1\right]q\right)(q^n-1)}{\left(u - \left[\frac{D}{m}+1\right]q\right)(q^n-1) - q^n \log q}$$

Die Formel für $U$ liefert zwar (siehe den Abschnitt: Vergleichung mit der Statistik) außerordentlich gute Übereinstimmung mit der Erfahrung und den folgenden Formeln. Trotzdem ist sie für die Erfordernisse der Praxis zu empfindlich. Denn geringe Ungenauigkeiten in der Bestimmung der $D$, $q$, $m$ ergeben, wenn sie nicht gegen ein sehr großes $u$ stehen, große Ausschläge. Die Statistik ist aber bei der Ermittlung speziell der $D$ auf ungefähre Schätzungen angewiesen, von denen naturgemäß keine allzu große Genauigkeit verlangt werden kann. Außerdem ist die Wahl des Jahres als der Zeiteinheit innerhalb deren sich die Ausgleichung vollendet, mathematisch ganz willkürlich, wenn sie auch der Praxis im allgemeinen entspricht. Man denke an den jährlichen Rechnungsabschluß; an die Rolle, welche das Jahr für die Verzinsung usw. spielt und ähnliches. Aber geringe Abweichungen haben hier eine zu große Wirkung, als daß die Formel für statistisch zuverlässig gelten könnte und mehr als einen theoretisch-instruktiven Wert haben könnte.

Wesentlich robustere Formeln liefert die folgende

### b) Methode der willkürlichen Zinsvariation.

Man kann nach dem vorigen Ergebnis aus $\dfrac{z}{U}$ das Sinken des Zinsfußes (bzw. der Amortisation) berechnen. Statt ihn aber dieser Gesetzmäßigkeit entsprechend von selbst sinken zu lassen, kann man ihn regulieren. Die Staatsbank braucht nur zu erklären, daß sie einen gewissen Zins $z_1$ vergütet, der natürlich wie $z_0$, mit den Zuschlägen, also $k \cdot U$ fach ausbezahlt wird, dann wird sich die Umlaufsbeschleunigung,

## 7. Die Ausgleichung der Beschleunigung.

so lange dieser natürlich über $\dfrac{z_0}{U}$ liegt, nach ihm richten. Man führt durch diese Maßnahme eine willkürliche Hilfsgröße ein:
$\bar{z}\,d\nu = (z_0 - z_1)\,d\nu = (q_0 - q_1)\,d\nu = [(1 + z_0) - (1 + z_1)]\,d\nu$ nahezu gleich

$$\left(q_0 \frac{\log q_0}{q_0 - 1} - q_1 \frac{\log q_1}{q_1 - 1}\right) d\nu :$$

Diese soll nach der Zeit proportional stetig anwachsen: $\bar{z}\,d\nu \cdot d\nu = \bar{z}(d\nu)^2$, so daß sie, außer daß der Zins zur Zeit $\nu$ nur $\nu \cdot z$ ist, sich quadratisch vermehrt. Wir nennen sie die Zinsdifferenz zwischen dem ursprünglichem und dem neuen Zins. Hält man sie außerdem so hoch, daß auch das vorletzte Glied der Gleichung dadurch ausgeglichen wird, so ergibt sich als Gesamtumsatz für die unendlich kleine Zeit

$$m \cdot u \cdot d\nu \cdot dK = m \cdot u \cdot d\nu \cdot d(Uk) = p \cdot u \cdot d\nu \cdot (Uk) -$$
$$m \cdot u \cdot d\nu \cdot Uk \cdot \log B \cdot d\nu + \left(D + m\right) kU \cdot \left[q_0 \frac{\log q_0}{q_0 - 1} - q_1 \frac{\log q_1}{q_1 - 1}\right] (d\nu)^2$$

und somit, da

$$\frac{dK}{K} = \frac{d(Uk)}{Uk} = \frac{dU}{U} + \frac{dk}{k} = \left(\frac{p}{m} - \log B\right) d\nu +$$
$$+ \left(\frac{D}{m} + 1\right) \left[q_0 \frac{\log q_0}{q_0 - 1} - q_1 \frac{\log q_1}{q_1 - 1}\right] \frac{d\nu}{u}.$$

Der Term in der eckigen Klammer ist aber nahe gleich der Zinsdifferenz $(z_0 - z_1) = \bar{z}$, es ist also

$$\frac{dU}{u} + \frac{dk}{k} = \left(\frac{p}{m} - \log B\right) d\nu + \left(\frac{D}{m} + 1\right) \frac{\bar{z}}{u} \cdot d\nu$$

und da, bei Berücksichtigung der Bevölkerungszunahme $\dfrac{dk}{k} = \left(\dfrac{p}{m} - \log B\right) d\nu$, nach Integration: $\log U = \left(\dfrac{D}{m} + 1\right) \dfrac{\bar{z}}{u} \cdot \nu$.

(VIII) $$U = e^{\left(\frac{D}{m} + 1\right) \frac{\bar{z}}{u} \cdot \nu}.$$

### 7. Die Ausgleichung der Beschleunigung.

(IX) $$K = \frac{e^{\left(\frac{p}{m} + \left[\frac{D}{m}+1\right]\frac{\bar{z}}{u}\right)\cdot v}}{B^v} = \frac{e^{\left(\frac{n}{b} + \left[\frac{D}{m}+1\right]\frac{\bar{z}}{u}\right)\cdot v}}{B^v}$$

Die zweifelhaften Zahlen, $D$, $u$ stehen hier in Brüchen gegeneinander und machen so Schwankungen weniger fühlbar. Diese Methode ist daher zur Kontrolle der übrigen sehr geeignet; für die Praxis ist sie von größter Bedeutung, da sie die Umlaufsbeschleunigung zu regulieren gestattet. Sie ist allerdings (wegen der Ausgleichung des vorletzten Gliedes) von der willkürlichen Wahl der Zeit, für welche die Ausgleichung vollendet sein soll, abhängig. Aber dies ist mehr ein theoretischer Schönheitsfehler. Für die Invarianzperioden der Praxis und deren hohe Umlaufsziffern wird das vorletzte Glied so klein, daß man es ganz vernachlässigen kann. Man kann dann die Umlaufsbeschleunigung ganz verschwinden machen, wenn man $\bar{z} = 0$ setzt, d. h. wenn der Staat denselben Zins wie vorher zu vergüten verspricht. (Vgl. auch Kap. 14, S. 76).

#### c) Methode der mittleren Beschleunigung.

Untersucht man die Gleichungen (VI a), (VI b) und (VII a), (VII b) daraufhin, daß man die Perioden ändert, innerhalb deren die Ausgleichung vollendet sein soll, so erhält man die verschiedensten Werte. Nimmt man als Einheitsperiode das Jahr, so erhält man bei Einsetzung der übrigen entsprechenden Ziffern diejenigen Werte, welche in der folgenden vergleichenden statistischen Übersicht (S. 68) berechnet worden sind. Nimmt man die Ausgleichsperiode ($n$) nur etwas kleiner, daß $u - \left(\frac{D}{m}+1\right)q\frac{\log q}{z} = \frac{q^n}{q^n-1}\cdot \log q$, dann wird der Bruch unendlich und ähnliches mehr. Die beiden extremsten Grenzen (die Unstetigkeitsstelle ist hierbei nicht gemeint) sind offenbar, wenn sich die Ausgleichung in unendlich großer Zeit vollendet (obere Grenze) und wenn sie sich in unendlich kleiner Zeit vollendet.

Für sehr große Zeiten $n$ (Ausgleichsperioden) wird zunächst $u$ zu $un$, $p$ zu $pn$, ebenso der Zinsverlust aus den $(D + m)$, außerdem nähert sich die Amortisationsrate dem Werte $a = \lim\limits_{n = \infty} \frac{q^n}{q^n - 1} \log q = \log q$

## 7. Die Ausgleichung der Beschleunigung.

nahe gleich $q-1=z$; es ergibt sich somit

$$\lim \int_0^v \frac{dU}{u} = \lim_{n=\infty} \int_0^v \frac{p}{m} \cdot \frac{\frac{q^n}{q^n-1}\log q}{\left(u - \left[\frac{D}{m}+1\right]q\frac{\log q}{q-1}\right) - \frac{q^n}{q^n-1}\log q} \cdot dv =$$

$$\log U = \frac{p}{m} \cdot v \cdot \frac{\log q}{u - \left(\frac{D}{m}+1\right)q\frac{\log q}{z} - \log q}$$

in Übereinstimmung mit dem Wert, der aus (VI a) abgelesen werden kann.

Umgekehrt wird für die Ausgleichung in der unendlich kleinen Zeit

$$\lim \int_0^v \frac{dU}{u} = \lim_{n=o} \int_0^v \frac{p}{m} \cdot \frac{\frac{q^n}{q^n-1}\log q}{u - \left(\frac{D}{m}+1\right)q\frac{\log q}{z} - \frac{q^n}{q^n-1}\log q} \cdot dv =$$

$$\log U = \left(-\frac{p}{m}\right)v.$$

ebenfalls in Übereinstimmung mit (VI a).

Dies ergibt sich auch aus Gleichung (I a), da alles rechts und links mit Ausnahme des vorletzten Gliedes verschwindet; also

$$\frac{d(Uk)}{u \cdot (Uk)\,dv} = 0; \quad \log Uk = 0; \quad K = Uk = 1,$$

und somit, da $k = e^{\frac{p}{m}v} = e^{\frac{\pi}{b}v}$; auch $\log U = \left(-\frac{p}{m}\right)v = \left(-\frac{\pi}{b}\right)v$

oder aus $d(Uk) = \frac{p}{m} \cdot dv \cdot (Uk) + \frac{d(Uk)}{u \cdot dv} +$

$$+ \left(\frac{D}{m}+1\right)k \cdot \frac{q}{u} \cdot \frac{\log q}{q-1} \cdot dU;$$

## 7. Die Ausgleichung der Beschleunigung.

$$\frac{dU}{U} = \frac{p}{m} \cdot \frac{d\nu}{u\,d\nu - \left(\frac{D}{m}+1\right)q\frac{\log q}{q-1}d\nu - 1} \quad ; \quad \log U = \frac{p}{m}\nu \cdot (-1).$$

Es ist also

$$\log U_{\text{(obere Grenze)}} = \frac{p}{m} \cdot \nu \cdot \frac{\log q}{u - \left(\frac{D}{m}+1\right)q\frac{\log q}{z} - \log q}$$

bzw.

$$\log U_{\text{(untere Grenze)}} = -\frac{p}{m} \cdot \nu = \frac{p}{m} \cdot \nu(-1).$$

Der mittlere Wert von $\log U$ zwischen den beiden Grenzen ist dann das arithmetische Mittel aus der Differenz beider

$$\log U_{\text{(Mittelwert)}} = \frac{\log U_{\text{(o. Gr.)}} - \log U_{\text{(u. Gr.)}}}{2} =$$

$$\frac{p}{m} \cdot \frac{1}{2} \cdot \nu \left[ \frac{\log q}{u - \left(\frac{D}{m}+1\right)q\frac{\log q}{z} - \log q} - (-1) \right]$$

$$U_{\text{(Mittelwert)}} = \sqrt{U_{\text{(o. Gr.)}} \cdot U_{\text{(u. Gr.)}}} = e^{\frac{p}{m} \cdot \frac{1}{2} \cdot \nu \left[ \frac{\log q}{u - \left(\frac{D}{m}+1\right)q\frac{\log q}{z} - \log q} + 1 \right]}$$

$$= e^{\frac{\pi}{b} \cdot \frac{1}{2} \cdot \nu \left[ \frac{\log q}{u - \left(\frac{D}{m}+1\right)q\frac{\log q}{z} - \log q} + 1 \right]}$$

Da in der Praxis $\log q$ sehr klein ist und $q$ an das Jahr gebunden ist, außerdem auch von den Gepflogenheiten des Umlaufs abhängt, kann man näherungsweise

$$U_{\text{(Mittelwert)}} = e^{\frac{p}{m} \cdot \frac{1}{2} \cdot \nu(0+1)} = e^{\frac{p}{m} \cdot \frac{1}{2} \cdot \nu} = e^{\frac{\pi}{b} \cdot \frac{\nu}{2}}$$

setzen.

Berücksichtigt man wieder die Bevölkerungszunahme $d\nu \cdot \log B$, so ist überall $\frac{p}{m} \cdot d\nu$ durch $\left(\frac{p}{m} - \log B\right)d\nu$ zu ersetzen, es ist also

48    8. Komplexe Ausgleichung (asymptotische Amortisation).

$$(\text{X}) \quad U_{(\text{Mittelwert})} = \left(\frac{e^{\frac{p}{m}}}{B}\right)^{\nu} \cdot \left[\frac{\log q}{u - \left(\frac{D}{m}+1\right)q^{\frac{\log q}{z}} - \log q} + 1\right]$$

$$\text{nahe gleich} \quad \left(\frac{e^{\frac{p}{m}}}{B}\right)^{\frac{1}{2}\cdot\nu} = \left(\frac{e^{\frac{\pi}{b}}}{B}\right)^{\frac{1}{2}\cdot\nu}$$

$$(\text{XI}) \quad K_{(\text{Mittelwert})} \text{ nahe gleich } \left(\frac{e^{\frac{p}{m}}}{B}\right)^{\frac{3}{2}\cdot\nu} = \left(\frac{e^{\frac{\pi}{b}}}{B}\right)^{\frac{3}{2}\cdot\nu}$$

Die dadurch ermittelte mittlere Beschleunigung eliminiert also die heiklen Größen $D$, $u$ nahezu völlig und liefert eine von der willkürlichen Wahl der Einheitsperiode völlig unabhängigen Ausdruck. Auch diese Methode ergibt günstige Übereinstimmungen mit der Statistik. Sie fällt dabei in ihrem Zahlenausdruck mit der ersten Methode fast völlig zusammen.

## 8. Komplexe Ausgleichung (asymptotische Amortisation).

Es liegt nahe die Ausgleichung der $\Delta K$ durch Amortisation auf jede (also variable) Zeit $\nu$ zu fordern. Hierbei würden sie in der Umsatzgleichung (I a), (I a) mit dem allgemeinen Amortisationsfaktor $\dfrac{q^{\nu}\log q}{q^{\nu}-1}d\nu$ zu versehen sein, während die $\left(\dfrac{D}{m}+1\right)q\cdot\dfrac{\log q}{q-1}\cdot d\nu$ unverändert blieben, da hier, wie oben festgestellt, nicht ein zur Zeit $d\nu$ vollendeter Wertverlust des Kapitals $\left(\dfrac{D}{m}+1\right)$ zu amortisieren ist, sondern lediglich der Zeit proportionaler Zinsverlust, und damit auch ein analoger Verlust an der Amortisationsrate auszugleichen ist.

Man erhält dann:

$$dK = d(Uk) = \frac{p}{m}\cdot d\nu + \frac{d(Uk)}{u\cdot d\nu}\cdot\frac{q^{\nu}}{q^{\nu}-1}\log q\cdot d\nu +$$
$$+ \left(\frac{D}{m}+1\right)\frac{q}{u}\frac{\log q}{q-1}\cdot k\cdot dU.$$

## 8. Komplexe Ausgleichung (asymptotische Amortisation).

Da $\dfrac{dk}{k} = \dfrac{p}{m} \cdot dv$, und wenn man $1 - \dfrac{q}{u}\left(\dfrac{D}{m}+1\right)\dfrac{\log q}{q-1}$ nahe gleich $\left(1 - \dfrac{q}{u}\left[\dfrac{D}{m}+1\right]\right) = R$ setzt, ergibt sich

$$\frac{dU}{U} + \frac{dk}{k} = \frac{p}{m}dv + \left(\frac{dU}{U} + \frac{dk}{k}\right)\frac{q^v}{q^v-1}\cdot\frac{\log q}{u} +$$

$$+ \frac{dU}{U}\cdot\left(\frac{D}{m}+1\right)\frac{q}{u}\cdot\frac{\log q}{q-1};$$

$$\frac{dU}{U} = \frac{p}{m}\cdot\frac{\dfrac{q^v}{q^v-1}\cdot\dfrac{\log q}{u}}{1-\left(\dfrac{D}{m}+1\right)\dfrac{q}{u}\dfrac{\log q}{q-1} - \dfrac{q^v}{q^v-1}\cdot\dfrac{\log q}{u}}\cdot dv =$$

$$= \frac{p}{m}\frac{\dfrac{q^v}{q^v-1}\cdot\dfrac{\log q}{u}}{R - \dfrac{q^v}{q^v-1}\cdot\dfrac{\log q}{u}}\cdot dv$$

$$= \frac{p}{m}\cdot\frac{q^v\log q}{q^v(Ru - \log q) - Ru}\cdot dv.$$

Substituiert man zur Integration:

$q^v = e^{v\cdot \log q} = x$; $q^v \cdot dv = \dfrac{dx}{\log q}$, so wird zunächst unbestimmt:

$$\log U = \frac{p}{m}\cdot\frac{1}{\log q}\cdot\int\frac{\log q \cdot dx}{x(Ru-\log q) - Ru} =$$

$$= \frac{p}{m}\cdot\frac{1}{Ru - \log q}\cdot\log[(Ru - \log q)x - Ru];$$

$$U = [(Ru - \log q)q^v - Ru]^{\frac{p}{m}\cdot\frac{1}{Ru - \log q}} =$$

$$= \left[\left(u - q\left[\frac{D}{m}+1\right] - \log q\right)q^v - \left[u - q\left(\frac{D}{m}+1\right)\right]\right]^{\frac{p}{m\left(u-q\left[\frac{D}{m}+1\right] - \log q\right)}}$$

Harburger, Gleitende Währung.

## 8. Komplexe Ausgleichung (asymptotische Amortisation).

Das bestimmte Integral innerhalb der Grenzen $v = 0$ und $v = v$ ergibt sich dann wie folgt:

Zunächst wird für die untere Grenze

$$\lim_{v=0} \log U = \frac{p}{m} \cdot \frac{\log(-\log q)}{u - \left(\frac{D}{m} + 1\right) q - \log q}; \quad U_0 = \sqrt[\frac{m \cdot A}{p}]{(-\log q)}.$$

Das ist im allgemeinen ein **komplexer Wert** (wobei $A = u - \left(\frac{D}{m} + 1\right) q - \log q$ gesetzt wird), und der verschieden ist von $U^0 = 1$. Im Zeitpunkte $v = 0$ liegt also eine Unstetigkeit, deren absoluter Betrag zwar sehr gering ist, die aber trotzdem von $U^0$ durch Bezeichnung mit $U_0$ getrennt zu halten ist, so daß zur fortlaufenden Darstellung der Umlaufsgeschwindigkeit an Stelle von $u \cdot U_v = u \cdot U^0 \cdot U_v$ zu setzen ist $u \cdot U^0 \cdot U_0 \cdot U_v = u \cdot U_0 \cdot U_v$, und dabei immer berücksichtigt werden muß, ob man die Umlaufsbeschleunigung vom Momente $+0$ oder vom Momente $-0$ aus wissen will. Das übrige Integral zerlegt sich wegen der Unstetigkeitsstelle, welche für $q^v \cdot A = B$ eintritt;

$$A = u - \left(\frac{D}{m} + 1\right) q - \log q.$$

$$B = u - \left(\frac{D}{m} + 1\right) q$$

also für $v = \dfrac{\log \dfrac{B}{A}}{\log q} = \dfrac{\log B - \log A}{\log q} = c;$

$$A \cdot q^c = B$$

in: $\displaystyle \lim_{\gamma = 0} \frac{p}{m} \cdot \int_0^{c-\gamma} \frac{\log q}{A q^v - B} \cdot q^v \, dv + \lim_{\delta = 0} \frac{p}{m} \int_{c+\delta}^{v} \frac{q^v \cdot \log q}{A q^v - B} \, dv =$

## 8. Komplexe Ausgleichung (asymptotische Amortisation).

$$= \lim_{\gamma = 0} \frac{p}{mA} \log\left(A q^{c-\gamma} - B\right) - \frac{p}{m \cdot A} \cdot \log\left(-\log q\right) +$$

$$+ \lim_{\nu = \nu} \frac{p}{m \cdot A} \log\left(A q^\nu - B\right) - \lim_{\delta = 0} \frac{p}{m \cdot A} \log\left(A q^{c+\delta} - B\right) =$$

$$= \lim_{\gamma = 0} \frac{p}{m \cdot A} \log \frac{B(q^{-\gamma} - 1)}{-\log q} + \lim_{\delta = 0} \frac{p}{mA} \log \frac{Aq^\nu - B}{B(q^\delta - 1)} =$$

$$= \frac{p}{m \cdot A} \lim_{\gamma = 0} \log \frac{B \cdot (-\gamma) \log q}{-\log q} + \frac{p}{m \cdot A} \lim_{\delta = 0} \log \frac{A q^\nu - B}{B \cdot \delta \cdot \log q} =$$

$$= \frac{p}{mA} \cdot \log \frac{A q^\nu - B}{\log q} + \left(\lim_{\substack{\gamma = 0 \\ \delta = 0}} \log \frac{(\gamma \cdot \log q) \cdot B}{(\delta \cdot \log q) \cdot B}\right) \cdot \frac{p}{m \cdot A} =$$

$$= \log \overset{\nu}{\underset{0}{U}}$$

mit dem Hauptwert: $\log U = \frac{p}{m \cdot A} \cdot \log \frac{A q^\nu - B}{\log q}$;

$$\lim_{\gamma = \delta} \frac{p}{mA} \log \frac{(\gamma \cdot \log q) B}{(\delta \cdot \log q) B} = \log 1 = 0.$$

Es kann also über die Unstetigkeitsstelle hinweg integriert werden, da der obige Limes gegen $\log 1 = 0$ konvergiert. Das vollständige $U_\nu$ ist demnach

$$= \overset{}{\underset{0}{U}} \cdot U_\nu = \sqrt[\frac{mA}{p}]{(-\log q) \cdot \left(\frac{A q^\nu - B}{\log q}\right)^{\frac{p}{m \cdot A}}} = \left[(A q^\nu - B)^{\frac{p}{m \cdot A}}\right] \cdot \sqrt[\frac{m \cdot A}{p}]{-1}.$$

Die Funktion verläuft dabei durch das komplexe Gebiet (weil immer der Wert $\overset{}{\underset{0}{U}} = \sqrt[\frac{m \cdot A}{p}]{-\log q}$ zu berücksichtigen ist); sie ist daher in der Praxis nicht zu gebrauchen. Für diese kann man, wenn man sich nicht mit der jährlichen bzw. mit der mittleren ausgleichen will, eine allgemeine Ausgleichskurve nur unstetig, wenn auch dem stetigen Verlauf hinreichend annähernd, durch sukzessives Einsetzen der Werte für $u$ bzw. $q$ darstellen, wobei an Stelle des Überganges vom komplexen in

## 9. Tropfenförmige Inflation.

das reelle Gebiet der Sprung von *0* auf ∞ eintritt. Doch wird die komplexe Ausgleichung für die folgende Methode (tropfenförmige Inflation) noch Bedeutung haben.

## 9. Tropfenförmige Inflation.

Weil im allgemeinen $m \cdot dK = m \cdot de^{\frac{p}{m}\psi(v)} =$

$$= m \frac{de^{\frac{p}{m}\psi(v)}}{d\frac{p}{m}\psi(v)} \cdot \frac{d\frac{p}{m} \cdot \psi(v)}{dv} \cdot dv = p \cdot \psi'(v) \cdot e^{\frac{p}{m}\psi(v)} dv = p \cdot \psi'(v) \cdot K\,dv$$

ist, wobei $\frac{p}{m} \cdot \psi(v)$ die in den vorhergehenden Formelausdrücken im Exponenten über $e$ auftretenden Funktionen von $v$ und $\frac{p}{m}\psi'(v)$ ihre Ableitungen nach $v$ bedeuten, können die $p \cdot K \cdot dv$ mit den $m \cdot dK$ zusammengefaßt werden zu $p \cdot K \cdot (1 + \psi'(v))\,dv$; d. h. dasselbe Ergebnis kann sowohl durch Umlaufsbeschleunigung als auch durch eine veränderte Ausgabe der $p$ erreicht werden. Wir werden aus dieser Beziehung für unsere Zwecke Nutzen ziehen. Dann setzen wir zunächst der Einfachheit halber $\left(\frac{D}{m} + 1\right) q \frac{\log q}{z} = 0$, d. h. wir setzen den Fall, daß die Staatsbank den gleichen Zins weiter aufrechterhält. Ferner wählen wir den Fall der komplexen Ausgleichung als den allgemeinsten; durch die Maßnahmen dieses Abschnittes verschwinden die imaginären Teile der Funktion, und die sich ergebende reelle Funktion hat dann ohne weiteres wieder einen volkswirtschaftlichen Sinn.

Wir führen zunächst eine solche Funktion von $pv$, nämlich $f(pv)$ ein, daß in

$$dK = \frac{df(pv) \cdot K}{m} + dK \frac{q^v}{q^v - 1} \cdot \frac{\log q}{u}$$

$$\frac{dK}{K} = \frac{df(pv)}{m} \cdot \frac{1}{1 - \frac{\log q}{u} \cdot \frac{q^v}{q^v - 1}} \quad \text{(XII)}$$

## 9. Tropfenförmige Inflation.

der letzte Bruch verschwindet, d. h. wir setzen $df(p\nu) = p\left(1 - \dfrac{\log q}{u} \cdot \dfrac{q^\nu}{q^\nu - 1}\right) d\nu$. Zu dieser Maßnahme nehmen wir das Recht aus dem Umstande, daß die Verteilung der $p$ nicht unbedingt der Zeit $\nu$ proportional erfolgen muß, sondern daß innerhalb eines gewissen (nicht allzu großen) Zeitintervalls der Staat freie Hand in bezug auf die Ausgaben hat. Man kann auch, um gegen jeden Einwand gedeckt zu sein, zu den $p$ auch die Verzinsung $pz$ addieren, so daß jede etwaige Verzögerung durch Verzinsung ausgeglichen ist. Es wird sich aber ergeben, daß die Auszahlungen vor ihrer Fälligkeit erfolgen, und daß darum von einer Verzinsung nicht zu reden ist. Aus Gleichung (XII) ergibt sich dann

(XII a)
$$\int_0^\nu \frac{dK}{K} = \int_0^\nu \frac{p}{m} \cdot \frac{1 - \dfrac{\log q}{u} \cdot \dfrac{q^\nu}{q^\nu - 1}}{1 - \dfrac{\log q}{u} \cdot \dfrac{q^\nu}{q^\nu - 1}} = \int_0^\nu \frac{df(p\nu)}{m \cdot \left(1 - \dfrac{\log q}{u} \cdot \dfrac{q^\nu}{q^\nu - 1}\right)} =$$
$$= \frac{p}{m} \cdot \nu; \quad K = e^{\frac{p}{m} \cdot \nu}$$

und

(XIII)
$$\int_0^\nu df(p\nu) = f(p\nu)\Big|_0^\nu = \int_0^\nu p\left(1 - \frac{\log q}{u} \cdot \frac{q^\nu}{q^\nu - 1}\right) d\nu = p\left[\nu - \frac{\log(q^\nu - 1)}{u}\right]_0^\nu =$$
$$= p\left[\nu - \frac{\log(q^\nu - 1)}{u} - \infty\right]$$

Im Zeitpunkte Null erfolgt die Auszahlung $p \cdot \infty$.

Solange $\nu < \dfrac{\log 2}{\log q}$, ist $q^\nu - 1$ ein echter Bruch, der Logarithmus hat einen negativen Wert, und tritt daher im obigen Ausdrucke positiv auf. Nach dem Zeitpunkt $\dfrac{\log 2}{\log q}$ kehrt sich dies um; die Auszahlungen werden zu Einbehaltungen. Bis dahin wird also mehr, als fällig wäre, ausbezahlt;

## 9. Tropfenförmige Inflation.

im Zeitpunkte $\nu = \dfrac{\log 2}{\log q}$ ist genau so viel ausbezahlt, als das Staatswesen schuldig ist, nicht mehr und nicht weniger.

Es hat dies den Sinn, daß man die Umlaufsbeschleunigung ausgleichen kann, wenn man die Auszahlung der $p$ nicht mehr, wie bisher immer angenommen war, der Zeit proportional erfolgen läßt, ähnlich einem unendlich dünnen kontinuierlichen Wasserstrahl, sondern plötzlich einsetzen läßt mit einer sehr großen Auszahlung und sie dann allmählich abebben und zum Teil wieder aufsaugen läßt. Dies läßt sich unter dem Bilde eines jähen Gusses Wasser anschaulich machen bzw. unter dem eines unendlich großen Tropfens. Für die Praxis ließe sich diese Form auch verwirklichen, wenn man das Intervall, das zu $p_{\nu=1}$ gehört, hinreichend klein nimmt (und dementsprechend natürlich auch $p_{\nu=1}$) und diese $p_{\nu=1}$ immer zu Anfang des Intervalls $1$ auf einmal auszahlt. Dann wäre die Abweichung von der theoretischen Formel immer hinreichend klein, um vernachlässigt werden zu können; die Operation wäre dann entsprechend oft zu wiederholen, daß statt des einen unendlich großen Tropfens (des Gusses) der Strahl in eine diskrete Anzahl endlicher Tropfen aufgelöst wäre.

Dasselbe läßt sich aber eleganter und exakter erreichen, wenn man die Funktion

$$d\varphi(p\nu) = p' \frac{1 - \dfrac{\log q}{u} \cdot \dfrac{q^\nu}{q^\nu - 1}}{\dfrac{q^\nu}{q^\nu - 1}} d\nu$$

einführt und $p'$ so einrichtet, daß

$$\int_0^1 p' \frac{1 - \dfrac{\log q}{u} \cdot \dfrac{q^\nu}{q^\nu - 1}}{\dfrac{q^\nu}{q^\nu - 1}} \cdot d\nu = p' \int_0^1 \left(1 - q^{-\nu} - \frac{\log q}{u}\right) d\nu =$$

$$= p' \left[\left(1 - \frac{\log q}{u}\right)\nu + \frac{q^{-\nu}}{\log q}\right]_0^1 = p =$$

## 9. Tropfenförmige Inflation.

$$= p' \left[ \left(1 - \frac{\log q}{u}\right) + \frac{q^{-1}}{\log q} - \frac{1}{\log q} \right] = p.$$

Da bei der unteren Grenze $v = 0$ eine Unstetigkeit liegt: $= p' \cdot \dfrac{1}{\log q}$ und dieser Betrag im Moment $0$ auf einmal auszuzahlen ist, muß $p' \cdot \dfrac{1}{\log q}$ nochmals dazu addiert werden, also:

$$p = p' \left[\left(1 - \frac{\log q}{u}\right) v + \frac{q^{-v}}{\log q}\right]_0^1 + \frac{p'}{\log q} = p' \left[\left(1 - \frac{\log q}{u}\right) + \frac{1}{q \log q}\right]$$

$$p' = p \frac{q u \log q}{q \log q (u - \log q) + u}; \text{ nahe} = p \cdot \log q;$$

$\dfrac{p'}{\log q}$ ist also $= \dfrac{q u}{q \log q (u - \log q) + u}$ nahe $= p$.

Für $K$ ergibt sich aus

$$\frac{dK}{K} = \frac{d\varphi(pv)}{m} \cdot \frac{1}{1 - \frac{\log q}{u} \cdot \frac{q^v}{q^v - 1}} = \frac{p'}{m} \cdot \frac{q^v - 1}{q^v} \cdot \frac{1 - \frac{\log q'}{u} \cdot \frac{q^v}{q^v - 1}}{1 - \frac{\log q}{u} \cdot \frac{q^v}{q^v - 1}} \cdot dv$$

$$\log K = \int_0^v \frac{p'}{m} (1 - q^{-v}) dv = \frac{p'}{m} \left[ v + \frac{q^{-v}}{\log q} \right]_0^v = \frac{p'}{m} \left[ \left(v + \frac{1}{q^v \log q}\right) - \frac{1}{\log q} \right]$$

An der unteren Grenze macht die Funktion $\log K$ wieder einen Ruck:

$$\frac{p'}{m} \cdot \frac{1}{\log q} = \frac{p}{m} \cdot \frac{q u}{q \log q (u - \log q) + u}, \text{ nahe} = \frac{p}{m}; \text{ um die vollständige}$$

Funktion zu erhalten, ist also wieder diese Unstetigkeit hinzuzuaddieren, d. h.

$$\log \overset{1}{\underset{0}{K}} = \frac{p'}{m}\left(1 + \frac{1}{q \log q}\right) = \frac{p}{m} \cdot \frac{u (q \log q + 1)}{u (q \log q + 1) - (\log q)^2};$$

(XIV)

$$\overset{1}{\underset{0}{K}} = e^{\frac{p}{m} \cdot \frac{u(q \log q + 1)}{u(q \log q + 1) - (\log q)^2}}; \text{ allgemein } \overset{v}{\underset{0}{K}} = e^{\frac{p}{m} \cdot \frac{u(v q^v \log q + 1)}{q^v - 1 [u(q \log q + 1) - (\log q)^2]}}.$$

## 9. Tropfenförmige Inflation.

Die Formel (XIV) hat für $\nu = 1$ einen merkwürdig ähnlichen Bau wie (VII a), und der Bruch im Exponenten ist im allgemeinen von $1$ sehr wenig verschieden; es ist daher in der Praxis möglich, bei Wahl hinreichend kleiner Ausgleichsintervalle $\nu$ [1]) und damit hinreichend kleiner $p, u, q$ die Inflation durch ruckweise Auszahlung der $p$ zu bewerkstelligen, dabei die Tabelle der $K$ unstetig zu gestalten (bei jeder von der Praxis geforderten Annäherung an gleitende Übergänge) und dabei zugleich die Verluste der $m$-Besitzer mit auszugleichen.

Wir erhalten dann für periodenweise ($n$ fache) Wiederholung dieses Inflationsvorganges

$$\Sigma^n \log K_{0\,(n)} = \log \overset{n}{\underset{0}{K}} = n \cdot \frac{p}{m} \cdot \frac{u\,(q \log q + 1)}{u\,(q \log q + 1) - (\log q)^2};$$

$$\overset{n}{\underset{0}{K}} = e^{n \cdot \frac{p}{m} \cdot \frac{u\,(q \log q + 1)}{u\,(q \log q + 1) - (\log q)^2}}$$

annähernd gleich $K = e^{\frac{p}{m} \cdot \nu}$.

Für die Praxis spielt dies alles eine verschwindend kleine Rolle. Es ist auch die praktische Bedeutung gar nicht der Anlaß, aus dem dieser letzte Abschnitt geschrieben wurde. Er sollte vielmehr die feinere Struktur der Inflationsvorgänge aufdecken und dabei zeigen, daß unstetige Ausgaben das Inflationsproblem nicht unmöglich machen, sondern sogar aus theoretischen Gründen notwendig sind, wie sie auch aus Gründen des praktischen Wirtschaftslebens eingeführt werden müssen, da die Zeiten des Wirtschaftslebens in Jahre, Monate, Tage, Geschäftsstunden zerfallen und nicht ins Unendliche teilbar sind. Dabei ist ersichtlich, daß gewisse mehr oder weniger rohe Annäherungen an $K = e^{\frac{p}{m} \cdot \nu}$ den Anforderungen des Wirtschaftslebens wie auch der Theorie des Inflationsproblems genügen, d. h. (um im Bilde zu bleiben), daß es ausreicht, den kontinuierlichen feinen Wasserstrahl in eine große Anzahl hinreichend feiner Tropfen zu zerstäuben.

---

[1]) Nicht differenzieren, da in diesem Falle die Funktion nur aus Unstetigkeitsstellen besteht!

## 10. Ausgleichung durch Barauszahlung der Umlaufsverluste.

In den Ausgangsdifferentialgleichungen (Umsatzgleichungen) der vorigen Abschnitte tritt der Beschleunigungsfaktor[1]) $m \cdot dK$, nicht mit $u \cdot dv$ versehen, auf, da er nicht eine in den Umlauf gebrachte Geldmenge darstellt (die dann natürlich ebenso wie die $pv$ mit der ursprünglichen Geschwindigkeit $uv$ umlaufen würde), sondern einen Verlust an der Geldmenge $m$, der durch Umlaufsbeschleunigung hereinzubringen ist. Da aber die schon angeführte Relation

$$m \cdot dK = m \cdot d\, e^{\overline{m}^{-\psi\,(v)}} = p \cdot \psi'(v) K \cdot dv$$

besteht, ist natürlich auch die Möglichkeit gegeben, diesen Verlust durch eine entsprechende Vermehrung der ausgezahlten Geldmenge $p \cdot v \cdot K$ auszugleichen. Dann würden aber die $m \cdot dK$ wieder mit der Geschwindigkeit $u\,dv$ in den Umlauf kommen, d. h. sie wären mit diesem Faktor versehen in die Umsatzgleichung einzusetzen. Damit nun der in den früheren Differentialgleichungen ausgesprochenen Invarianzbedingung genügt wird, ist diese Multiplikation mit $u\,dv$ (bzw. $u\,v$) durch die entsprechende Division durch $u\,dv$ (bzw. $u\,v$) zu kompensieren. D. h. es ist zunächst unendlichfach mehr auszuzahlen, dann wären (nach Integration) diese Überauszahlungen wieder einzuziehen, bis im Moment, für den $u\,v$ den Wert $1$ annimmt, genau so viel, als fällig wäre, ausbezahlt sein würde, während danach die Auszahlungen darunter sinken müßten. Anderenfalls würde $K$ nicht nur unendlich groß und die gestellte Aufgabe wäre unlösbar, sondern es würde die Gleichung auch in Widerspruch mit dem Invarianzprinzip stehen.

Diese Ausgleichungsmethode hat praktische Bedeutung für den Fall, daß die Staatsbank sich verpflichten soll, alle eingezahlten Geldmengen mit dementsprechenden Zuschlägen zurückzuzahlen. Für welche Ausgleichsperioden diese Bedingung strikte erfüllt werden kann, wird

---

[1]) Wir setzen dabei wie im vorigen Abschnitt den Fall, daß das letzte Gleichungsglied $\left(\dfrac{D}{m}+1\right)q\,\dfrac{\log q}{q-1}\cdot k \cdot dv \cdot dU$ durch Anwendung der Methode der willkürlichen Zinsvariation unter Festsetzung der Zinsdifferenz $z = 0$ (Angebot des bisherigen Zinsfußes) ausgeglichen wird und daher wegfällt.

## 10. Ausgleichung durch Barauszahlung der Umlaufsverluste.

sogleich offensichtlich werden; dabei wird sich zeigen, daß infolge gewisser Umlaufseinschränkungen die Beschleunigung überhaupt verschwindet. Doch soll vorerst auf diesen Punkt noch nicht eingegangen werden und nur untersucht werden, wie sich die Funktionen im Falle einer Ausgleichung der Ausbezahlung der $m \cdot dK$ verhalten.

Da sich durch die Multiplikation von $m \cdot dK$ mit $u \cdot dv$ und kompensierende Division durch $u\,dv$ an der Gleichung nichts ändert, behält $K$ seine früheren Werte. Die Geldmenge, die insgesamt zur Auszahlung gelangt, ist dann gleich dem um $\dfrac{1}{m} K$ vermehrten Exponenten über $e$, d. h.

$$P = K \int_0^v p \cdot \psi'(v)\,dv = K p \cdot \psi(v).$$

So ist, wenn man das Glied mit $\left(\dfrac{D}{m} + 1\right)$ wegläßt (siehe oben, Fußnote)

$$m \cdot dK \cdot u\,dv = p \cdot K \cdot dv \cdot u \cdot dv + \frac{m \cdot dK}{u \cdot dv} \cdot u \cdot dv \cdot \frac{q^n}{q^n - 1} \log q \cdot dv;$$

$$K = e^{\frac{p}{m} \cdot v \cdot \frac{u \cdot (q^n - 1)}{u(q^n - 1) - q^n \log q}}$$

Die zusätzliche Geldmenge, deren Auszahlung sich amortisierend über die Zeit $n$ erstreckt, ist für die unendlich kleine Zeit $dv$ gleich

$$m \cdot \frac{dK \cdot \dfrac{q^n}{q^n - 1} \log q \cdot dv}{u \cdot dv} = m \cdot \frac{d\,e^{\frac{p}{m} \cdot v \cdot \frac{u(q^n - 1)}{u(q^n - 1) - q^n \log q}} \cdot \dfrac{q^n}{q^n - 1} \log q}{u} =$$

$$p\,\frac{u(q^n - 1)}{u(q^n - 1) - q^n \log q} \cdot K \cdot \frac{q^n}{q^n - 1} \cdot \frac{\log q}{u} \cdot dv = p \cdot \frac{q^n \cdot \log q}{(q^n - 1)u - q^n \log q} K\,dv;$$

es ist also, nach Zusammenfassung mit den übrigen $pK \cdot dv$ insgesamt

$$K \int_0^v p \left(1 + \frac{q^n \log q}{(q^n - 1)u - q^n \log q}\right) dv = p \cdot v \cdot K \cdot \frac{u(q^n - 1)}{u(q^n - 1) - q^n \log q}$$

auszuzahlen; in Übereinstimmung mit dem Exponenten von $K$.

Damit schließlich der Bedingung genügt wird, daß bis zu Ende der

Ausgleichsperiode auch alle Verluste an den $m$ durch erhöhte Auszahlung ausgeglichen sind, ist die Ausgleichsperiode $n$ zu wählen, für welche die Umlaufsziffer den Wert $u\,v = 1$ annimmt, d. h. es ist $n = \dfrac{1}{u}$ und $q^n = \sqrt[u]{q}$ zu setzen. Setzt man außerdem die Periode, für welche $K$ unendliche bzw. $0$-Werte annimmt $= n' = n \cdot \alpha$, wenn $u\,(q^{n'} - 1) = q^{n'} \log q$ wird, so ergibt sich

$$n' = n \cdot \alpha = \frac{\alpha}{u} = \frac{\log \dfrac{u}{u - \log q}}{\log q};$$

$$\alpha = \frac{1}{\log q} \cdot \log \left(\frac{1}{1 - \dfrac{\log q}{u}}\right)^u = -u \cdot \frac{\log \left(1 - \dfrac{\log q}{u}\right)}{\log q} =$$

$$\alpha = 1 + \frac{\log q}{2\,u} + \frac{(\log q)^2}{3\,u^2} + \frac{(\log q)^3}{4\,u^3} + \ldots\ldots$$

Da im allgemeinen $\log q$ gegen $u$ sehr klein ist, ist $\alpha$ sehr wenig von $1$ verschieden; es liegt also $n$ zu sehr in der gefährlichen Nähe von $n'$ und ist darum für die Praxis zu diffizil. Diese Formel ist also nur für erheblich größere $n$ zu gebrauchen (z. B. für $u\,v = 2$). Dabei ist dafür zu sorgen, daß die $m \cdot \Delta K$ nur die Umlaufsziffer $1$ besitzen, etwa durch die Bestimmung, daß sie erst von einem gewissen Zeitpunkt ab ausgezahlt werden (beispielsweise in der zweiten Hälfte der Periode) oder durch $\dfrac{1}{u}$ fache Auszahlung.

## 11. Automatische Regulierung des Umlaufs durch Reservenbildung.

Bei Anwendung der tropfenförmigen Inflation ergeben sich zwar sehr geringe zusätzliche Geldmengen; es tauchen aber dafür wegen des psychologischen Verhaltens der Individuen an der Unstetigkeitsstelle andere Schwierigkeiten der Durchführung auf, die das Wiedereinziehen

## 11. Automatische Regulierung des Umlaufs durch Reservenbildung.

der zu hoch ausgezahlten Zuschläge betreffen. Außerdem ist die Formel in dieser Zu- und Überspitzung, eben weil sie, wenigstens virtuell, in das komplexe und negative Gebiet eintaucht, volkswirtschaftlich nicht zu verfolgen. Denn ihre Interpretation führt über komplexe und negative Geldmengen, unter denen wir uns volkswirtschaftlich nichts vorzustellen vermögen, so daß wir uns nur an das reelle Resultat halten können, nach welchem bei hinreichend kleinen Ausgleichsperioden $n$ die Umlaufsverluste überhaupt verschwinden und $K$ sich dem Werte $e^{\frac{p}{m} \cdot \nu}$ nähert.

Damit man sich aber auf diesen merkwürdigen Umstand auch wirtschaftstheoretisch einen Reim machen kann, möge man bedenken, daß die Ankündigung der Staatsbank, alle bei ihr deponierten Geldsummen mit den entsprechenden Zuschlägen zurückzubezahlen, gewisse Geldmengen aus dem Umlauf in ihre Kassen zieht. In der Staatskasse nehmen wir diese Beträge als ruhend an, sonst müßte ja ein anderer für die Zuschläge aufkommen.

Es verringert sich also die Umlaufsziffer entsprechend, und zwar wird diese Verringerung der ursprünglichen Umlaufsziffer proportional sein dem Vorteil, der aus dieser Auszahlung der Zuschläge winkt, da sie ja ihrerseits auch nicht von der Willkür diktiert ist, sondern von den Bedürfnissen, dem Warenangebot usw. abhängt[1]). Denn damit die Teilnehmer des Wirtschaftskreises überhaupt imstande sind, trotz momentaner Verluste den Umsatz aufrechtzuerhalten, um sie dann später wieder hereinzubringen, damit also überhaupt Ausgleichsperioden größer als $d \nu$ möglich sind, müssen sie auch imstande sein, diese momentanen Verluste aus eigener Tasche daraufzubezahlen, d. h. sie müssen eine Bargeldreserve in entsprechender Höhe aus dem Umlauf ziehen, oder sie müssen, wenn sie das nicht können, entsprechend mehr

---

[1]) Läge es nämlich bloß im Belieben der Individuen, inwieweit sie durch Einschränkung ihrer Bedürfnisse den Geldumlauf verringern wollten, so würden die Einlagen bei der Staatsbank so lange wachsen, als die Einsparung Vorteile bietet durch erhöhte Rückzahlung, d. h. solange $K > 1$ und sich erst verringern, wenn dadurch $K$ unter $1$ sinkt, mit anderen Worten: es würden weder Preis- noch Umlaufssteigerung eintreten (d. h. $K = 1$).

## 11. Automatische Regulierung des Umlaufs durch Reservenbildung.

Arbeit leisten, d. h. produzieren. Damit also der Umlauf trotz der Verluste $m \cdot Q = m \cdot d(Uk)\, \rho q + (D+m)\, qk \cdot d\nu \cdot dU$ überhaupt möglich ist (wobei der Faktor $\rho$ alle Werte zwischen $1$ und $d\nu$ haben kann, um alle Verteilungen der $m \cdot d(Uk)$ in den oben besprochenen Ausgleichsperioden möglich zu lassen), müssen Reserven in eben dieser Höhe aus dem Umlauf gezogen bzw. bei der Staatsbank deponiert werden. Es ergibt sich also

$$m \cdot u \cdot d\nu + m \cdot u \cdot d\nu \cdot dK =$$
$$= m \cdot u\, d\nu - m \cdot Q + p \cdot d\nu \cdot u\, d\nu \cdot K + m \cdot Q$$
$$\frac{dK}{K} = \frac{p}{m} d\nu \,;\, K = e^{\frac{p}{m} \cdot \nu} = k;\, U = 1.$$

Sollten nun diese Reserven $mQ$ ebenfalls durch Aufzahlung der Zuschläge ausgeglichen werden, so wären $m \cdot Q^2$ weitere Zuschläge erforderlich; damit aber würden die Reserven (die dann mit dem Minuszeichen versehen auftreten) um $m \cdot Q^2$ steigen müssen, damit aber wieder die Zuschläge (mit dem Pluszeichen) um $mQ^3$, damit die Reserve ebenfalls wieder um ebensoviel usw. in infinitum, so daß $+\sum\limits_{1}^{\infty}{}^n m \cdot Q^n$ und $-\sum\limits_{1}^{\infty}{}^n mQ^n$ sich gegeneinander aufheben. Unter der Voraussetzung, daß $Q < 1$, ist $\pm m \sum\limits_{1}^{\infty}{}^n Q^n = \pm m \left[\sum\limits_{1}^{\infty} Q^n - Q^0\right] = \pm m \left[\frac{1}{1-Q} - 1\right] = \pm m \frac{Q}{1-Q}$. Da nun aber im allgemeinen $Q$ eine unendlich kleine Größe ist, wird $\pm m \sum\limits_{1}^{\infty}{}^n Q^n = \pm mQ$, d. h. es bleibt bei der obigen Gleichung.

Die Verpflichtung der Staatsbank, alle Beträge mit den Zuschlägen $dk$ zurückzuzahlen, hat also den Effekt, daß die Umlaufsbeschleunigung verschwindet. Derselbe Effekt wird auch erreicht, wenn mangels solcher aus dem Umlauf gezogener Reserven mehr verdient werden muß. Denn dann steigt auf der Güterseite der Umsatzgleichung die Produktionsmenge bzw. die Menge der gehandelten Güter. Es ergibt sich also die Bestätigung der Erfahrung, daß eine eventuelle Umlaufsbeschleunigung keinen Einfluß auf die Höhe der $k$ (der Preise) hat.

In der Praxis wird man natürlich zunächst das $k$ etwas höher ansetzen und dementsprechende Geldmengen über $p \cdot v \cdot k$ hinaus in Bereitschaft halten, um bei allenfallsigen Unstetigkeiten der Praxis Spielraum zu haben. Werden diese nicht angegriffen, was zu erwarten ist, so können sie immer noch in geeigneter Weise verwendet werden. Ebenso wird es vorteilhaft sein, die Rückzahlung der deponierten Geldmengen **mit den Zuschlägen** an eine gewisse kurze Kündigungsfrist zu binden (da die $u$ meist sehr hoch sind, handelt es sich nur um Wochen), einmal, um gegen alle Überraschungen gedeckt zu sein und auch um eine gewisse weitsichtigere Kreditgewährung seitens der Staatsbank (für den Fall nämlich, daß eine übermäßige Deponierung von Geldmengen in der Staatsbank Preisstürze und damit Produktionskrisen verursachen würde) möglich zu machen. Doch ist dies Sache mehr der banktechnischen Erfahrung; hier in der reinen Theorie haben wir uns für den rigorosesten Fall vorzusehen, unbeirrt dadurch, daß in der Praxis aller Voraussicht nach die Aufzahlung der Zuschläge auf die deponierten Geldmengen minimale Beträge ausmachen wird.

## 12. Die Vermeidung der Preisunstetigkeiten und der Einkommenspannungen.

Zeichnet man die Werte $K$, wie sie sich aus der Gleichung VI a ergeben, wenn man die Ausgleichung der Reihe nach für die Zeiten $d\,v$, $2\,d\,v \ldots \frac{v}{2} \ldots v \ldots$ vollendet haben will (als Ersatz für die reell nicht darstellbare komplexe Ausgleichung), und verbindet diese Punkte, so ergibt sich folgende, in der Zeichnung durch eine fette Linie dargestellte Kurve. Obwohl diese Methode wegen ihrer Empfindlichkeit und der oben angegebenen Willkür für die Technik der variablen Währung durch die Methode der mittleren Beschleunigung ersetzt wurde (durch die dünne ausgezogene Kurve dargestellt), erklärt sie doch manche Unstetigkeiten der regellosen Geldentwertung; und es kann so nachgewiesen werden, daß durch die Einführung diese Nachteile der regel-

## 12. Die Vermeidung der Preisunstetigkeiten und der Einkommensspannungen. 63

losen Geldvermehrung vermieden werden können. Nähert sich nämlich $u - \left(\dfrac{D}{m} + 1\right) q$ dem Werte $\dfrac{q^n}{q^n - 1} \cdot \log q$, so fällt die Kurve gegen Null, springt an dieser Stelle ins positiv Unendliche, um, aus ihm zurückkommend, allmählich sich der Kurve für $k$ (ohne Berücksichtigung der

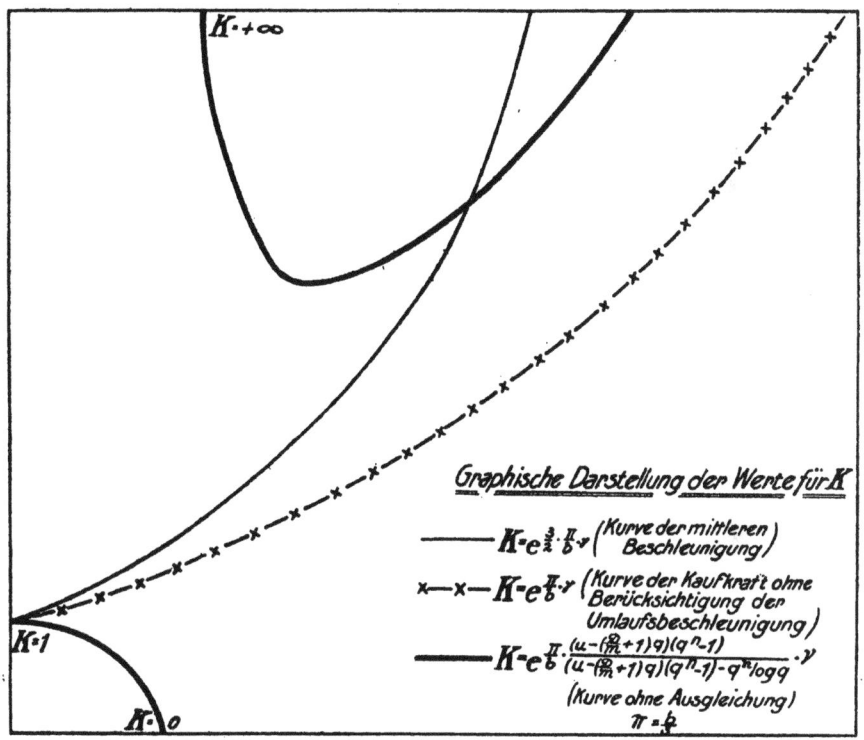

Umlaufsgeschwindigkeit; durch strichpunktierte Linie angedeutet) nahezu asymptotisch zu nähern. Diese Sprungstelle illustriert eine Erfahrung, die während der Herrschaft starker Inflation öfters gemacht wurde. Es tritt nämlich merkwürdigerweise kurz nach Einsetzen der Inflation zunächst Bargeldmangel ein (hauptsächlich Kleingeldmangel), nach ieniger Zeit erfolgt aber plötzliches ruckweises Emporschnellen der Preise. Dieses Verhalten findet durch den dargestellten Kurvenzug seine theoretische Erklärung.

**64**  12. Die Vermeidung der Preisunstetigkeiten und der Einkommenspannungen.

Ein ähnliches Bild ergibt die graphische Darstellung der Umlaufswerte.

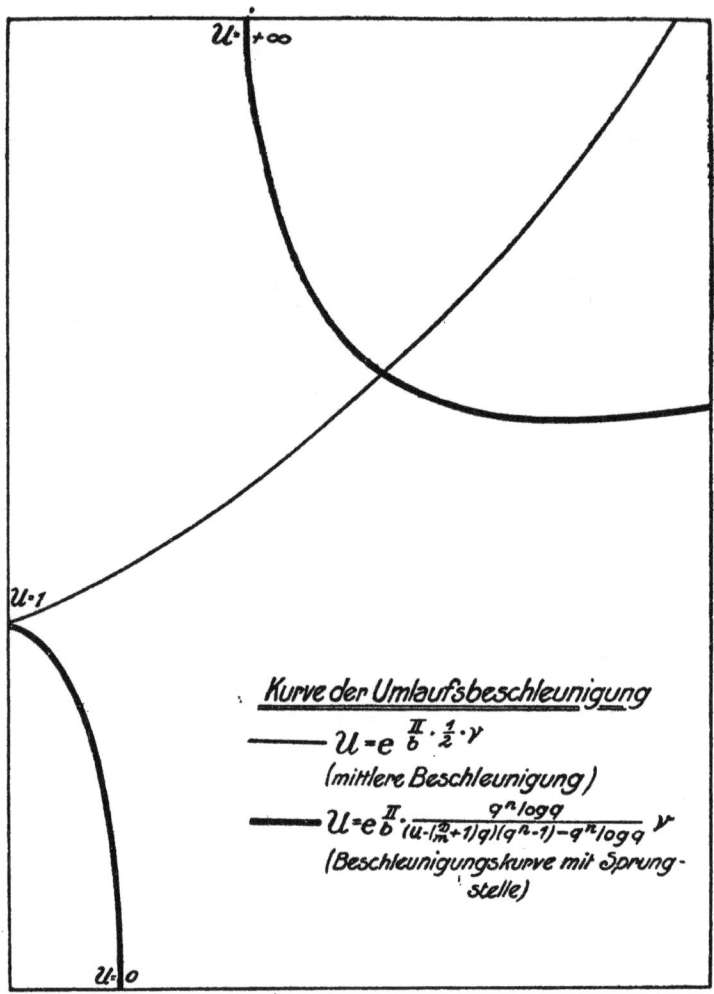

Die Preise fallen also zunächst beim Einsetzen der Geldvermehrung bis zum Moment $\left(u - q\left[\dfrac{D}{m} + 1\right]\right)(q^n - 1) = q^n \log q$, d. h. bis (unter Einsetzung der in der folgenden statistischen Übersicht verwendeten Werte)

## 12. Die Vermeidung der Preisunstetigkeiten und der Einkommenspannungen.

$$\left(32 - 1{,}08\left[\frac{88{,}11}{3{,}55} + 1\right]\right) \cdot (1{,}08^n - 1) = (1{,}08)^n \log 1{,}08;$$

$$n = \frac{\log 3 - \log(3 - \log 1{,}08)}{\log 1{,}08}$$

$$n = 0{,}3073,$$

also etwa drei bis vier Monate danach, um an diesem Zeitpunkt plötzlich in die Höhe zu schnellen und sich nach einigem Schwanken der stetigen Preiskurve wieder anzupassen. Falls das Verhältnis zwischen Nationalvermögen und ursprünglicher Umlaufziffer überall dasselbe wäre, würde sich überall die Zeit von etwa vier Monaten für das Einsetzen dieses kritischen Moments ergeben. Dabei sei darauf hingewiesen, daß auch jetzt die deutschen Indexziffern um etwa ein Vierteljahr hinter der Valuta, die dem theoretischen Ausdruck entspricht (vgl. S. 22), herhinken.

Volkswirtschaftlich wird die Sache etwas deutlicher, wenn man z. B. das Glied $\left(\frac{D}{m} + 1\right) q = 0$ und das im Nenner übrigbleibende $q = 1$ setzt. Dann fallen die Preise, bis in dem Ausdruck $\frac{u}{u-1}$ der Umlauf $u$ den Wert $1$ annimmt, d. h. bis sich die Geldmenge einmal umgesetzt hat. Denn bis dahin ist das neu hinzukommende Geld $p$ noch nicht durch den ganzen Wirtschaftskreis hindurchgeschwemmt; ein Teil von dessen Teilnehmern ist noch auf dem alten Einkommenniveau und muß durch Einschränkung des Umsatzes (ihres persönlichen Bedarfes), der bei den übrigen auch durch entsprechende Geldanhäufung einsetzenden Preissteigerung entgegenwirken. Mit $u = 1$ ist dann die Sättigung des ganzen Wirtschaftskreises vollendet, der kritische Punkt ist erreicht und die Preise schnellen hinauf.

Durch die Einbeziehung des Verlustes an $D$ und $m$ wird dieser Moment etwas hinausgeschoben; der kritische Moment kann erst dann eintreten, wenn alle Teilnehmer durch Ausgleichung dieser Verluste das entsprechende Kaufkraftniveau wieder erreicht haben.

Die gegenwärtig krampfhaft aufrechterhaltene Fiktion der Wertkonstanz des Geldes und die dadurch bewirkte künstliche Niederhaltung des Einkommenniveaus gewisser Volkskreise verstärkt natürlich diese Wirkung: die kritischen Momente wiederholen sich und die gleichmäßigen Ausgleichungen der Geldmengen $p$, $\pi$ werden zugunsten weniger Einzelpersonen hintangehalten, die ohnehin aus der Vermehrung der $s$ Vorteil haben. Mit der Ausgleichung dieser Unstetigkeiten, welche auch die sogenannten Schieberprofite erklären, durch Formel XI bzw. durch tropfenförmige Inflation, hat die variable Währung die letzte wichtige Aufgabe gelöst; sie wirkt also der Spannung zwischen den individuellen Einkommen entgegen.

## 13. Kontrolle der Formeln durch die Statistik.
(Das Invarianzprinzip bei regelloser Geldvermehrung.)

Für den Praktiker haben die schärfsten Theorien nicht viel Überzeugendes. Kann dagegen gezeigt werden, daß die Wirklichkeit der Theorie in gewissem Maße folgt, so wird er mehr Vertrauen in diese Theorie haben. Wir wollen darum sehen, inwieweit sich die oben entwickelten Gesetzmäßigkeiten durch aus der Erfahrung (aus der Statistik) gewonnene Ziffern bestätigen lassen. Es ist dies aber nur dann sinnvoll, wenn das betreffende Material bereits gründlich durchgearbeitet ist und wenn, so wie dies in einem so schwierigen Gebiete überhaupt möglich ist, die Methoden ihrer Gewinnung geklärt sind. Aus diesem Grunde wurde von allen aktuelleren Anwendungen abgesehen, und es wurden als Kontrollbeispiel amerikanische Statistiken aus den Jahren 1896 bis 1912 herangezogen. Denn da die entwickelte Theorie offensichtlich von allen statistischen Ausgangspunkten sich frei gehalten hat, muß die Wahl des Kontrollbeispiels ganz gleichgültig sein. Die herangezogenen Statistiken haben den Vorteil, allgemein ziemlich leicht zugänglich zu sein; sie finden sich zitiert und weiter ausgebaut in dem auch deutsch erschienenen Werk von Irving Fisher: Die Kaufkraft des Geldes, Berlin (Reimer) 1916, vereinigt. Dabei sei ausdrücklich bemerkt, daß dieses Werk nur als Quellensammlung benutzt wurde: Es wird in der folgenden tabellarischen Übersicht immer in erster Linie mit den dort zitierten ursprüng-

## 13. Kontrolle der Formeln durch die Statistik.

lichen statistischen Feststellungen verglichen und erst in zweiter mit den Fisherschen Korrekturen, über deren Zulässigkeit man streiten mag[1]).

Über die Tabelle selbst ist wenig zu sagen. Die Werte sind der Zusammenstellung aus S. 360 des Fisherschen Werkes entnommen; $b = 0,87$ die erste Zahl der letzten Kolonne, $\pi_\nu$ nimmt der Reihe nach die Werte der letzten Kolonne an, vermindert um $b$. Die gesamte Geldmenge $m = b + s = 3,55$ (bei Fisher mit $G + G'$ bezeichnet) findet sich aus S. 360 und S. 363. Ebenso findet man aus dem umstehend in der Tabelle gegebenen Hinweisen $U$, $U'$ und $u_0 = 32$. Die beiden übrigen Werte $B''$ und $D$ ($B^{13} = 1,278 = $ proportionale Bevölkerungszunahme 1896—1909; $D = 88,11$ Milliarden Dollar $=$ Nationalvermögen im Jahr 1896) können aus dem Zensus der Union und außerdem aus Schnapper-Arndt, Sozialstatistik eingesehen werden. $D$ ist, wie gesagt, eine unsichere Größe; da aber die Umlaufswerte auch durch Methoden, welche $D$ eliminieren, gewonnen werden, so rechtfertigt sich das Vertrauen in $D$. Die beiden ersten Methoden zur Gewinnung der Umlaufsbeschleunigung arbeiten außerdem noch mit $q = 1 + z$ ($z = $ Zinsfuß). Es ist dabei zu berücksichtigen, daß unter der regellosen Geldvermehrung die Zinsgläubiger durch Entwertung verlieren und daher den Verlust anderweitig durch Einbringen der aus der ersten Kolonne sich berechnenden Zuschläge ausgleichen müssen. Man nennt den so ausgeglichenen Zins den „virtuellen" Zins (Fisher S. 221 ff.). Er ist gleich $z$ gleich dem gewöhnlichen mittleren Zinsfuß von etwa 4 % plus dem mittleren Preiszuschlag der Jahre 1896—1909, etwa ebenfalls 4 %, d. h. $z$ ist gleich 8 %.

Setzt man dementsprechend in Formel (VI b) $q = 1,08$; $\left(\dfrac{D}{m} + 2\right)q = \left(\dfrac{88,11}{3,55} + 2\right)q = 27,7\ q = 29,916$; $u = 32$, so wird $32 - 29,916$ nahe

---

[1]) Nach den Entwicklungen dieser Arbeit scheinen die Diskrepanzen zwischen Indexziffern und Handelsstatistik, die Fisher durch Mittelwerte auszugleichen sucht, darauf zurückzugehen, daß Fisher die Vergrößerung des Wirtschaftskreises durch das Anwachsen der Bevölkerungsziffer und die dadurch bedingte Verminderung der Umlaufsgeschwindigkeit übersehen hat. Durch Berücksichtigung dieses Umstandes aber verschwindet die Diskrepanz zwischen Geldseite und Güterseite der Umsatzgleichung genügend.

# 13. Kontrolle der Formeln durch die Statistik.

| Jahreszahl | Mittlere Preise — theoretisch $k=\dfrac{b+\pi v}{B_r \cdot b} \cdot 63{,}3$ | Mittlere Preise — theoretisch $\Delta k$ in ‰ | Mittlere Preise — statistisch $P$ ursprünglich (Fisher S. 410) | Mittlere Preise — statistisch $P$ von Fisher berichtigt S. 249 | Scheckfähige Depositen — theor. $S=\dfrac{\pi \cdot v}{m \cdot e^{\overline{b}} - (b+\pi_v)}$ | Scheckfähige Depositen — statistisch $G'$ ursprünglich Fisher S. 363 | Scheckfähige Depositen — statistisch $G'$ von J. Fisher berichtigt (S. 249) | Umlaufsziffer — theoretisch I. u. III. Meth. $U=u_0\left(\dfrac{e^{\overline{b}}}{B}\right)^{\pi} \cdot \dfrac{v}{2}$ | Umlaufsziffer — theoretisch II. Meth. interpoliert $U=u_0 e^{\left(\frac{D}{m}+1\right)\frac{\pi}{u}}$ | Umlaufsziffer — theoretisch I. u. III Meth. interpoliert $U=u_0\left(\dfrac{e^{\overline{b}}}{B}\right)^{\pi} \cdot \dfrac{1}{2} v$ | Umlaufsziffer — statistisch $\dfrac{GU+G'U'}{G+G'}$ ursprünglich Fisher S. 374 | Umlaufsziffer — statistisch $\dfrac{GU+G'U'}{G+G'}$ berichtigt Fisher S. 249 |
|---|---|---|---|---|---|---|---|---|---|---|---|---|
| 1896 | 63,3 | 00 | 63,3 | 60,3 | 2,68 | 2,68 | 2,71 | 32 | 32 | 32 | 32 | 32,3 |
| 1897 | 58,1 | − 70 | 63,7 | 60,4 | 2,752 | 2,80 | 2,86 | 31,70 | 32,97 | 32,53 | 33,5 | 34,5 |
| 1898 | 67,23 | + 62 | 66.2 | 63,2 | 3,022 | 3,19 | 3,22 | 33,65 | 33,98 | 33,39 | 33,2 | 35,8 |
| 1899 | 70,71 | + 118 | 73,8 | 71,6 | 3,286 | 3,90 | 3,88 | 34,19 | 35,01 | 34,24 | 38,3 | 37,7 |
| 1900 | 78,88 | + 246 | 80,2 | 76,5 | 3,901 | 4,40 | 4,44 | 36,20 | 36,08 | 35,18 | 34,0 | 34,6 |
| 1901 | 80,88 | + 278 | 83,2 | 80,5 | 4,151 | 5,13 | 5,13 | 37,61 | 37,18 | 36,10 | 37,0 | 37,0 |
| 1902 | 81,58 | + 289 | 88,7 | 85,7 | 4,365 | 5,43 | 5,40 | 38,17 | 38,31 | 37,06 | 37,2 | 37,1 |
| 1903 | 87,86 | + 388 | 86,5 | 82,6 | 5,078 | 5,70 | 5,73 | 40,86 | 39,48 | 38,03 | 35,4 | 35,9 |
| 1904 | 85,58 | + 352 | 85,1 | 87,7 | 5,014 | 5,80 | 5,77 | 40,29 | 40,68 | 39,03 | 35,0 | 35,7 |
| 1905 | 88,25 | + 427 | 90,8 | 93,2 | 5,550 | 6,54 | 6,54 | 41,90 | 41,92 | 40,05 | 39,2 | 39,0 |
| 1906 | 95,61 | + 510 | 96,5 | 93,2 | 6,634 | 6,84 | 6,81 | 43,38 | 43,22 | 41,12 | 42,2 | 41,6 |
| 1907 | 96,16 | + 519 | 97,2 | 93,2 | 6,982 | 7,13 | 7,13 | 44,54 | 44,53 | 42,21 | 40,55 | 40,9 |
| 1908 | 94,34 | + 493 | 92,2 | 90,2 | 6,982 | 6,60 | 6,57 | 44,25 | 45,87 | 43,32 | 40,46 | 40,35 |
| 1909 | 92,94 | + 468 | 100 | 100 | 6,982 | 6,75 | 6,68 | 43,86 | 47,27 | 44,46 | 47,6 | 46,7 |
| 1910 | 97,82 | + 545 | — | 104 | 7,538 | — | 7,23 | 44,64 | — | (45,63) | — | 46,5 |
| 1911 | 95,30 | + 505 | — | 102,2 | 7,071 | — | 7,78 | 42,84 | — | (46,83) | — | 47,0 |
| 1912 | 95,37 | + 507 | — | 105,7 | 7,733 | — | 8,17 | 44,29 | — | (48.07) | — | 48,0 |

## 13. Kontrolle der Formeln durch die Statistik.

gleich 2 und (VI b) geht über in $e^{\frac{\pi}{b} \cdot \frac{\nu}{2}}$ gleich Formel X. Die erste und dritte Methode führen also, wenn man der wirtschaftlichen Gewohnheit entsprechend innerhalb eines Jahres ausgleicht, auf denselben zahlenmäßigen Ausdruck. Sie werden darum gemeinsam in der Tabelle aufgeführt. Dabei ist der Fehler, der aus der Vernachlässigung der oberen Grenze von Seite 47 begangen wurde, verschwindend gering. Er macht etwa 2,5 % aus. Würde man diese Differenz berichtigen, so erhielt man nach der dritten Methode bis zu 2,5 % höhere Zahlen.

Bei der zweiten Methode hebt sich für die Zinsdifferenz $\bar{z} = z_0 - z_1 =$ 4 % + Zuschläge — (4 % + Zuschläge) der ursprüngliche Zinsfuß weg und es bleiben nur die Zuschläge des virtuellen Zinses. Es ist dabei von Vorteil, die Formel nicht für jedes $\pi_\nu$ eigens zu berechnen, sondern sie innerhalb eines größeren Zeitraumes zu berechnen (das Beispiel gibt 1896—1909; $\bar{z} = 46{,}8$ % nach Spalte 3 der tabellarischen Übersicht auf S. 68) und die übrigen Werte nach der Formel für $\nu = \frac{1}{13}, \frac{2}{13}$ usw. zu interpolieren. Dies entspricht auch besser der Wirklichkeit. Die Volkswirtschaft ist ein ziemlich roher Organismus, der nicht präzise auf kleinste Modifikationen reagiert, sondern etwas träge auf einer mittleren Linie zu verharren strebt.

Ebenso wurde auch für die dritte Kolonne der Umlaufsziffern verfahren. Doch gibt die erste Kolonne, die ja sonst mit der dritten identisch wäre, das Beispiel für eine fortwährend von den Schwankungen der $\pi \nu$ beeinflußten Umlaufsziffer.

Die Übersicht zeigt, daß die Quotienten aus den theoretischen und den statistischen Zahlen im allgemeinen keine größern Abweichungen von *1* als 10 % aufweisen. Damit stellt sich die Methode als befriedigend heraus; die Volkswirtschaft ist kein so exakter Mechanismus, daß man größere Genauigkeiten beanspruchen könnte; es spielen allerlei psychologische Faktoren herein, die man nicht exakt in Rechnung setzen kann. Immerhin genügt es für die Zwecke der vorliegenden Schrift, wenn Zahlen von diesem Genauigkeitsgrade erreicht werden; mit den kleineren Schwankungen wird das Wirtschaftsleben ebenso fertig, wie es auch mit

## 13. Kontrolle der Formeln durch die Statistik.

derartigen Schwankungen unter der Herrschaft der stabilen Geldwährung oder unter der regellosen Geldentwertung mit ihnen fertig geworden ist.

Wo größere Abweichungen auftreten (einmal bei den scheckfähigen Depositen und den Umlaufsziffern), kompensieren sie sich gegenseitig, so daß für eine höhere Umlaufsziffer eine geringere Geldvermehrung eintritt und umgekehrt. Nach kurzer Zeit aber nehmen die $k$, $U$ die dem Invarianzprinzip entsprechenden Werte wieder an.

Dabei bringen es die zum Teil schwer überschaubaren Verhältnisse des Wirtschaftslebens mit sich, daß auch die statistischen Ermittlungen Fehler bis zu $\pm$ 10 % enthalten können, und daß Statistiken, die keine größeren Abweichungen aufweisen, als gut zu bezeichnen sind. Die Abweichungen gehen also mit größerer Wahrscheinlichkeit auf die Statistiken zurück. Lägen sie an Abweichungen der tatsächlichen Verhältnisse von den Formeln, so wäre das sehr merkwürdig; es kämen dabei wieder die 10 % Streuung heraus, die öfters bei statistischen Untersuchungen getroffen werden: eine fast mystische Zahl, die der Plan der Vorsehung dem individuellen Wirken als Spielraum gelassen zu haben scheint.

Die Vorsichtsmaßregel, nur die im Umlauf befindliche Geldmenge in die Umsatzgleichungen einzusetzen, erweist sich dabei als entbehrlich. Folgende Übersicht zeigt die Werte, die sich ergeben, wenn man die gesamten überhaupt vorhandenen Geldmengen ohne Rücksicht darauf, inwieweit sie als Bankreserven oder im Schatzamt liegend dem allgemeinen Umlauf entzogen sind, in Rechnung zieht, und wenn man keinen Unterschied, sowohl zwischen bloßem Bankgeschäft und allgemeinem Handelsverkehr, als auch zwischen „dem Scheckverkehr zugrunde liegender Depositen" und den „individuellen Depositen" überhaupt macht. Die Werte $b = 1{,}74$ und die entsprechenden $\pi_v$-Werte sind der Spalte (3) von S. 360 des Fisherschen Werks entnommen. Spalte 4 der folgenden Tabelle ist aus S. 363 durch Zusammenzählung der Kolonnen (2) + (4) gewonnen, der Grund hierfür ergibt sich, wenn man sich die Mühe der Kontrolle macht, von selbst.

Manche Schwankungen der Indexziffern kommen in der vorhergehenden Tabelle besser zum Ausdruck; dagegen sind nunmehr die Abweichungen

## 13. Kontrolle der Formeln durch die Statistik. 71

von den statistischen Werten geringer. Natürlich müßten, bei Ansetzung größerer umlaufender Geldmengen die Umlaufsziffern entsprechend geringer genommen werden, da einige Geldquantitäten mit der Umlaufsgeschwindigkeit *0* (oder nahe daran) mit eingerechnet werden; doch sind, um lästige Umrechnungen zu ersparen, auch hier die Umlaufsziffern auf den Vergleichsfuß *32* gebracht worden und dann mit Spalte (9) und (10) der vorigen Tabelle verglichen worden (letzte und vorletzte Spalte).

| Jahres-zahl | Preise | | Individuelle Depositen | | Umlaufsziffern | | theoretisch (vgl. S. 68) | |
|---|---|---|---|---|---|---|---|---|
| | sta-tistisch | theo-retisch | sta-tistisch | theo-retisch | sta-tistisch | theo-retisch | I. u. III. Methode | II. Methode (interp.) |
| 1896 | 63,0 | 63,0 | 5,35 | 5,35 | 32,0 | 32,00 | 32,00 | 32,00 |
| 1897 | 63,7 | 65,33 | 5,51 | 5,618 | 33,5 | 32,56 | 31,70 | 32,97 |
| 1898 | 66,2 | 67,89 | 6,11 | 6,015 | 35,2 | 33,26 | 33,75 | 33,98 |
| 1899 | 73,8 | 71,87 | 7,21 | 6,583 | 38,3 | 34,41 | 34,19 | 35,01 |
| 1900 | 80,2 | 75,92 | 7,69 | 7,259 | 34,0 | 34,87 | 36,20 | 36,08 |
| 1901 | 83,3 | 78,47 | 8,92 | 7,82 | 37,0 | 36,70 | 37,61 | 37,18 |
| 1902 | 88,7 | 79,61 | 9,58 | 8,22 | 37,2 | 37,10 | 38,17 | 38,31 |
| 1903 | 86,5 | 82,59 | 10,05 | 8,97 | 35,4 | 37,82 | 40,86 | 39,48 |
| 1904 | 85,1 | 83,86 | 10,45 | 9,50 | 35,0 | 39,07 | 40,29 | 40,68 |
| 1905 | 90,8 | 85,06 | 11,79 | 10,06 | 39,2 | 39,54 | 41,90 | 41,92 |
| 1906 | 96,51 | 89,44 | 12,63 | 11,42 | 42,2 | 41,49 | 43,88 | 43,22 |
| 1907 | 97,2 | 92,26 | 13,65 | 12,57 | 40,55 | 42,49 | 44,54 | 44,53 |
| 1908 | 92,2 | 98,28 | 13,47 | 14,84 | 40,46 | 45,82 | 44,25 | 45,87 |
| 1909 | 100,0 | 97,60 | 14,40 | 15,13 | 47,6 | 47,94 | 43,86 | 47,27 |

Die übrigen Ziffern, welche die Gütermenge $(G + g)\ [= (H \cdot P)]$, oder in der Fisherschen Bezeichnungsweise das Handelsvolumen $H\left[=\dfrac{G+g}{k_v}\right]$ ausdrücken, werden in folgender Tabelle veranschaulicht. Dabei ergeben sie sich aus dem Invarianzprinzip, welches die Vergrößerung des Wirtschaftskreises durch Bevölkerungsvermehrung von vornherein berücksichtigt, ohne weiteres in Übereinstimmung (natür-

## 13. Kontrolle der Formeln durch die Statistik.

lich innerhalb der unvermeidlichen Fehlergrenzen ± 10 %) mit den Zahlen der vorigen Tabelle; die von Fisher angeführten Ziffern für $H$ ergeben diese Übereinstimmung dann, wenn man sie, um sie der Umsatzgleichung anzupassen, mit der Wurzel aus $B^v$ multipliziert. Zu dieser Korrektur besteht eine gewisse Berechtigung. Denn Fisher gewinnt diese Ziffern im wesentlichen, indem er Aus- und Einfuhrstatistiken (teils für das Staatengebiet insgesamt, teils für einzelne Städte) zugrunde legt und sie gleichsam als Barometer für die Gesamtmenge der gehandelten Güter (dem Gesamthandel) ansieht. Es liegt aber näher, sie nur als Barometer der Produktionsmenge anzusehen. Denn es werden unter den von Fisher (S. 404—407) angeführten Artikeln nur wenige sein, welche die betreffende Grenze mehr als einmal passieren, und es wird darum kaum ein und dieselbe Ware mehr als einmal in derselben Statistik erscheinen. Dagegen bemächtigt sich innerhalb der betreffenden Gebiete der Handel (z. B. als Zwischenhandel, Kleinhandel, als Weitervertrieb nach Verarbeitung) der eingeführten Güter; und ein und dasselbe Gut wird mehrfach gekauft und verkauft.

Macht man die Annahme, daß die Handeltreibenden sich ebenfalls proportional der Bevölkerungszunahme vermehren, während dagegen die Umlaufsbeschleunigung und die dieser proportionale Güter- (bzw. Handels-) vermehrung wegen der Vergrößerung des Wirtschaftskreises um die Wurzel aus $B^v$ sinkt (nach Formel X), so hat man die Ziffern des ursprünglichen Handelsvolumens $H$ um $\dfrac{B^v}{B^{\frac{v}{2}}} = \sqrt{B^v}$ zu vermehren, d. h. wir kommen zu der obigen Korrektur (Spalte 6 der folgenden Tabelle) und bleiben hierdurch in Übereinstimmung mit der grundlegenden Invarianzgleichung. Ignoriert man dagegen die Bevölkerungsvermehrung, d. h. setzt man $B = 1$, so kommt man nahe an die Ziffern der Spalte 7: Produktions- und Handelsvermehrung sind dann nach der Umsatzgleichung proportional, während im andern Falle das Hinzukommen neuer Individuen den Weg zwischen Erzeuger und Verbraucher vergrößert und so den Handel allein vermehrt.

Es ist dabei jedenfalls beachtenswert, daß die weitere Ziffernreihe,

## 13. Kontrolle der Formeln durch die Statistik.

**Indexziffern für den Gesamthandel.**

| Jahreszahl / Formel (theoretisch) bzw. Bezeichnung bei Fisher (statistisch) | Handel in Preisindexziffern ausgedrückt — theoretisch: $G+g = H_v \cdot k_v = \dfrac{G_0 \cdot e^{\frac{\pi}{b} v \cdot \frac{3}{2}}}{\sqrt{B^v}} = \dfrac{m \cdot u_0 \cdot e^{\frac{3\pi_v}{2b}}}{\sqrt{B^v}}$ | Handel in Preisindexziffern — statist.: $H_v \cdot P_v$ von Fisher korrigiert (S.249) | Handel auf Einheitspreise reduziert — theoretisch: $H_v = \dfrac{G+g}{k_v} \cdot k_0 = m \cdot u \cdot b \cdot \sqrt{B^v} \cdot \dfrac{e^{\frac{\pi}{b} \cdot v \cdot \frac{3}{2}}}{b+\pi_v}$ in Preisen von 1896 | Handel auf Einheitspreise reduziert — theoretisch: $H_v = \dfrac{G+g}{k} \cdot \dfrac{209}{113} = m \cdot u \cdot b \sqrt{B^v} \cdot \dfrac{e^{\frac{\pi}{b} \cdot \frac{3}{2} v}}{b+\pi_v} \cdot \dfrac{209}{113}$ in Preisen von 1909 | Handel auf Einheitspreise reduziert — statistisch: $H_v \cdot B^{\frac{v}{2}} = H \cdot \sqrt{B^v}$ (in Preisen von 1909) Handelsvolum. korrig. durch die Bevölkerungszunahme | $H_v$ (ursprünglich) in Preisen von 1909 | Menge der durch Post u. Eisenbahn beförderten Briefe und Güter: $H_v$ aus Post- und Eisenbahnstatistiken berechnet (Fisher S. 403) | Menge...: $\dfrac{H_v}{H_0}$ aus Post- und Eisenbahnstatistiken berechnet in %₀₀ ausgedrückt | Handel. Prozentuale Zunahme theoretisch: $\dfrac{\frac{G+g}{k_v}}{G_0} = \dfrac{\frac{G+g}{k_v} \cdot \frac{209}{113}}{G_0 \cdot \frac{209}{113}} = \dfrac{H_v}{H_0}$ in %₀₀ ausgedrückt |
|---|---|---|---|---|---|---|---|---|---|
| 1896 | 113,0 | 115 | 113,0 | 209,0 | 209,0 | 209 | 73 | 1000 | 1000 |
| 1897 | 114,0 | 130 | 122,6 | 226,2 | 241,3 | 239 | 78 | 1069 | 1085 |
| 1898 | 129,5 | 150 | 121,1 | 225,5 | 264,9 | 260 | 86 | 1178 | 1072 |
| 1899 | 151,6 | 185 | 135,7 | 250,7 | 280,8 | 273 | 93 | 1274 | 1200 |
| 1900 | 182,5 | 194 | 146,5 | 270,9 | 285,6 | 275 | 99 | 1356 | 1296 |
| 1901 | 198,0 | 235 | 151,0 | 285,9 | 326,0 | 311 | 105 | 1438 | 1365 |
| 1902 | 209,0 | 246 | 162,1 | 299,8 | 322,4 | 304 | 115 | 1575 | 1435 |
| 1903 | 254,8 | 256 | 183,6 | 339,5 | 357,7 | 335 | 120 | 1606 | 1624 |
| 1904 | 246,1 | 256 | 183,5 | 339,4 | 349,4 | 324 | 126 | 1726 | 1624 |
| 1905 | 286,0 | 311 | 197,7 | 365,7 | 411,5 | 378 | 141 | 1888 | 1750 |
| 1906 | 352,4 | 349 | 235,6 | 435,7 | 438,8 | 396 | 155 | 2123 | 2085 |
| 1907 | 374,0 | 348 | 248,6 | 459,7 | 457,1 | 412 | 154 | 2110 | 2200 |
| 1908 | 370,5 | 326 | 250,5 | 463,4 | 426,7 | 381 | 154 | 2110 | 2217 |
| 1909 | 367,0 | 387 | 252,5 | 466,8 | 451,8 | 399 | (160) | (2192) | 2234 |

## 13. Kontrolle der Formeln durch die Statistik.

die Fisher als Barometer für den Gesamthandel benutzt, nämlich die Mengen der durch Post und Eisenbahn beförderten Briefe und Güter, günstige Übereinstimmungen mit den invarianztheoretischen Werten und den Ziffern der vorigen Tabelle liefert. Diese spiegeln das Hin und Her des Handels innerhalb der betreffenden Gebiete vermutlich besser als die bloßen Eingänge meist landwirtschaftlicher Produkte in den Städten, innerhalb derer sie wohl zum größten Teil konsumiert werden, oder als der Export und Import des Landes, das sie damit meist ein für allemal verlassen bzw. betreten haben. Die Indexzahlen des Gesamthandels, an dem Barometer der Post- und Eisenbahnbeförderungen abgelesen, bleiben also innerhalb der nach dem Invarianzprinzip zu erwartenden Größenordnung; sie werden in Spalte 8 und 9 aufgeführt und mit der prozentualen theoretischen Steigerung (10) verglichen, die wiederum nur eine Umrechnung von Spalte 4 und 5 ist.

Fisher erkennt an, daß das Gewicht, welches man den verschiedenen Barometerständen zuerkennt, und das man durch entsprechende Wägung statistisch in Rechnung setzt, Ansichtssache ist. Er selbst wägt die Methoden anders, macht aber eine schließliche, etwas willkürliche Korrektur durch eine allgemeine mittlere Angleichung seiner Zahlen, die hauptsächlich auf Kosten der Preisindexziffern und noch mehr der Handelsindizes geht. Seine korrigierten Zahlen sind in Spalte 3 zitiert. Auch sie nähern sich trotz der willkürlichen Korrektur den Ziffern nach der Invarianzmethode (Spalte 2). Der Vollständigkeit halber sind in Spalte 7 die ursprünglichen Handelsindizes angeführt. Für den Krisentheoretiker ist dabei interessant, daß der Moment, wo die theoretischen Kurven für den Gesamthandel die aus der Erfahrung gewonnenen Kurven schneiden (ebenso auch die Kurven der ersten Tabelle für die Scheckgeldvermehrung) das Krisenjahr 1907 ist, so daß aus den Werten vor 1907, nach denen der tatsächliche Handelsumfang über dem theoretischen lag, direkt die Hochkonjunktur abgelesen werden kann, die aber zur Erfüllung des I. P. durch eine Depression abgelöst werden muß, für welche (nach 1907) die statistischen Werte unter den theoretischen liegen.

## 14. Wirtschaftskreis und Valuta. Erklärung einiger Anomalien.

Für die Zwecke dieser Schrift sind offenbar die Übereinstimmungen der letzteren Tabelle minder wichtig. Denn es gelingt ja auch ohne besondere Berechnung der Handelsindizes, der Vermehrung des Scheckgeldes, und der Umlaufsbeschleunigungen einen Formelausdruck für die Kaufkraft des Geldes unter Einwirkung der Inflation zu erhalten. Und zwar sowohl für die ungeregelte Geldentwertung, als auch für die eigentliche variable Währung (geregelte Geldvermehrung); auf S. 39 haben wir gezeigt, daß diese Formeln ganz aus der Geldseite der Umsatzgleichung gewonnen werden können, ohne daß die Güterseite in Rechnung gezogen zu werden braucht.

In Anbetracht jedoch der konsequenzenreichen Pläne, welche diese Schrift auf die Theorie des Invarianzprinzips aufbaut, sind auch diese letzteren Ziffern willkommen, insofern sie die Herrschaft des Invarianzprinzips im gesamten Wirtschaftsleben bestätigen. Hierdurch erhalten sowohl wiederum die statistischen Ermittelungen erhöhte Glaubwürdigkeit, als auch erfahren einige Punkte, welche die alte Quantitätstheorie im Dunkel gelassen hat, eine Aufklärung; insbesondere wird der Einfluß zur Geltung gebracht, den die Bevölkerungszunahme durch die Vergrößerung des Wirtschaftskreises auf die Gesamtumstände ausübt. Man würde sofort auf ihn aufmerksam geworden sein, wenn man von vornherein an Stelle der unscharfen Definition der Umlaufsziffern $u$ die (retardierte) Geschwindigkeit $c \cdot v$ (wie es in diesem Falle die Physiker machen würden) eingeführt hätte, wobei $v$ der Umsatzgleichung genügen soll:

$$m \cdot c_0 = m \cdot c_0 \cdot v_\nu \cdot B^\nu; \; c_0 \cdot v_\nu = \frac{c_0}{B^\nu}; \; c_0 = u; \; v_0 = 1;$$

und wobei wie auf Seite 38 zur Grenze zu gehen ist. Es ist dies wieder ein lehrreiches Beispiel dafür, wie vorteilhaft es ist, sich in volkswirtschaftlichen Dingen ganz eng an das Vorbild der erprobten physikalischen Methoden und Definitionen anzuschließen; und andererseits wie innerlich verwandt die Probleme der volkswirtschaftlichen Dynamik mit gewissen physikalischen Problemen sind.

## 14. Wirtschaftskreis und Valuta. Erklärung einiger Anomalien.

Der Wirtschftskreis kann aber in gewissen Fällen auch noch andere Größenveränderungen erleiden als diejenigen, die aus der Bevölkerungszu- bzw. -abnahme herrühren. Sind z. B. verschiedene Währungen in Konkurrenz miteinander, so kann die Kaufkraft der einen relativ zur andern steigen, wenn ihr Geltungsbereich sich vergrößert. Denn nach Kapitel 7 des Anhangs fällt die Umlaufsgeschwindigkeit umgekehrt proportional der Größe des Wirtschaftskreises; bei fallendem $K = Uk = \dfrac{1}{E}$ steigt aber die Kaufkraft der Geldeinheit. Die bekannteste Auswirkung dieser Gesetzmäßigkeit ist der stille Kampf der Valuten (auch in normalen Zeiten): bei aktiver Zahlungsbilanz vergrößert sich der Geltungsbreich (Wirtschaftskreis) und $U < 1$, bei passiver vermindert er sich: $U > 1$. Ebenso drückt sich hierin der materielle Vorteil von politischem Landgewinn aus und es offenbart sich der unterirdische Kampf der friedlichen Durchdringung durch fremde Valuten.

Im allgemeinen sind die Verschiebungen, wenn zwei stabile Währungen gegeneinander oder auch eine stabile gegen eine geregelte variable stehen, ziemlich geringfügig. Etwas anderes ist es aber, wenn in einem Land regellose Geldentwertung herrscht. Dann wird eines Tages der Moment eintreten, daß die Wirtschaftsteilnehmer den dauernden Verlusten an den $D$ und $m$ (durch Zinsverlust) **durch Übergang zu einem andern Geld** zu entgehen suchen (seien es fremde Devisen, seien es Sachgüter — Tauschverkehr —), und es ergibt sich der Ansatz, daß dieser Übergang, eben diese Verkleinerung des Wirtschaftskreises, proportional ist den Verlusten, die an den $D$, $m$, $m \cdot \Delta K$ erlitten werden. Die Glieder, welche in den Differentialgleichungen für die Umlaufsbeschleunigung diese Ausdrücke enthalten, treten darum alle mit dem Minuszeichen versehen auf und es ergibt sich darum bei Integration für die Verkleinerung des Wirtschaftskreises $W_\nu$ derselbe Ausdruck wie für $U_\nu$, nur mit negativem Exponenten; es ist also $W_\nu = U_\nu^{-1} = \dfrac{1}{U_\nu}$ und darum steigt, in analoger Entwicklung wie auf Seite 42, die Umlaufziffer (die Zahl wie oft der Wirtschaftskreis innerhalb einer Zeitspanne durchmessen wird) bei

## 14. Wirtschaftskreis und Valuta. Erklärung einiger Anomalien.

gleichbleibender Geschwindigkeit umgekehrt proportional der Verkleinerung auf das $U$-fache und damit auch $k$ auf das $k \cdot U = K$-fache.

Bei Konkurrenz verschiedener Währungen gibt es also außer den beiden Kompensationen der Umlaufsbeschleunigung durch Reservenbildung und durch Mehrproduktion noch die Kompensation durch Verkleinerung des Wirtschaftskreises (Abwandern der Individuen zu fremden Währungen) und dadurch proportionales Steigen dieser Valuten. Es ist dabei nicht unbedingt notwendig, daß diese Wirkung immer und sofort eintritt. Das Beharrungsmoment, das die Individuen aus Gewohnheits- und Bequemlichkeitsgründen an ihren Wirtschaftskreis bindet ( von andern — nationalen usw. — ganz zu schweigen), wird im allgemeinen bewirken, daß die Kompensationen von $U$ auf die Seite 60 besprochene Weise, also zunächst durch „Knappsen" oder „Schuften" gesucht werden, und daß erst dann, wenn die Geduld reißt, die Lebensgewohnheiten zu sehr gestört werden und wenn es nicht mehr „geschafft werden kann", $K$ auf den theoretischen Wert schnellt. Dann springt die Umlaufsziffer, wie ein Automobilmotor auf den nächsten Gang, mehr oder weniger plötzlich auf die nächste Geschwindigkeit. Ähnliches findet auch bei den Gasen und Flüssigkeiten statt; so ist es z. B. bekannt, daß, bei äußerster Ruhe, erheblich (unter den Gefrierpunkt) unterkühltes Wasser (bis zu — 13° C) flüssig gehalten werden kann; bei der geringsten Erschütterung aber, oder bei Berührung mit einem festen Körper erstarrt es augenblicklich zu einem Eisblock. Vielleicht ist überhaupt die sprunghafte Volumänderung der Materie beim Übergang aus einem Aggregatzustand in den andern in diesem Gebiet, das so mannigfache Analogien aufweist, etwas Verwandtes.

Solange also aus dem Bestreben der Individuen, sich so wenig wie möglich zu verändern, der erste Anstoß zur Änderung der Gleichgewichtslage fehlt oder dieser nicht erheblich genug ist, werden nach dem auf Seite 60 Gesagten die Individuen auf die beiden andern Weisen ihre Verluste zu kompensieren suchen und die Umlaufsbeschleunigung bleibt darum gleich der Einheit oder tritt nicht in Erscheinung. Erst wenn die Invarianz des Gleichgewichts genügend gestört ist, wird sie durch das Abwandern zu fremder Währung wiederhergestellt und da-

## 14. Wirtschaftskreis und Valuta. Erklärung einiger Anomalien.

durch das Bestreben der Individuen nach unveränderter Gleichgewichtslage befriedigt. Es ist also in beiden Fällen eine Trägheit, die einmal eine sofortige Änderung verzögert, im zweiten Falle aber ein Verharren bei der ursprünglichen Umlaufsziffer vereitelt. Dagegen würde, wenn überhaupt keine Trägheit bestünde, im Falle der gleitenden Währung nach dem in der Fußnote auf Seite 60 Gesagten gar keine Änderung der $K$ eintreten, da die Ankündigung des Vorteils einer erhöhten Rückzahlung bei der Staatsbank eingezahlter Geldmengen diese in dem Maße aus dem Verkehr zieht als $K$ über 1 liegt.

Ähnliche Anomalien, wie hier bei den $K = Uk$, können auch für die $k$ eintreten; es ist also auch möglich, daß aus denselben Gründen wie oben auch bei der bloßen Geldvermehrung, abgesehen von der gleichbleibenden Umlaufsziffer, keine Geldentwertung eintritt. Aus diesem Umstand rührt der Nutzen, den die Finanzpolitik aller Staaten in der Frage der Deckung durch Gold usw. gezogen haben. Denn das Angebot des Staates, jede Papiergeldmenge gegen die entsprechende Gold- usw. Menge einzutauschen, heißt nichts anders, als daß jede Papiergeldmenge mit den Zuschlägen (da nämlich jedes Metallgeld in bezug auf sich selbst ein $K$-Wert ist) zurückbezahlt werden soll. Es kann also eine Vermehrung bzw. Verminderung des u m l a u f e n d e n Metallusw.-Geldes durch Verminderung bzw. Vermehrung der anderen Komponente dieser Doppelwährung[1]) kompensiert werden kann. Da nun unter normalen Verhältnissen die Golddecke ziemlich reichlich ist, können sich Vermehrungen des Notenumlaufs durch stärkere Beanspruchung der Golddecke kompensieren. Der kritische Moment tritt offenbar erst dann ein, wenn diese Beanspruchung zu groß und die Golddecke zu knapp wird; dann treten sprunghaft die invarianztheoretischen Werte ein.

Auch kann an Stelle einer realen Beanspruchung der psychologische Faktor des Vertrauens retardierende Wirkung haben. Das psychologische Moment hat also im wesentlichen konservativen Charakter, was angesichts des großen Einflusses alles Gewohnheitsmäßigen nicht

---

[1]) Unter Doppelwährung sei hier jedes System verstanden, das neben dem Metallgeld ein Papiergeld zuläßt.

## 14. Wirtschaftskreis und Valuta. Erklärung einiger Anomalien. 79

verwunderlich ist. Wird aber das Vertrauen erschüttert und gelangen die Kompensationen an den kritischen Punkt, so springt die Kaufeinheit mehr oder weniger plötzlich auf den invarianz-theoretischen Wert.

Eine Illustration für dieses Verhalten bietet die gegenwärtige Valutaentwicklung, natürlich unter allem Vorbehalt, der bezüglich der Zuverlässigkeit der zugrunde gelegten Ziffern zu machen ist. Auch stehen uns diese Dinge zeitlich zu nahe und berühren uns in unserem persönlichen Befinden zu sehr, als daß sie dem Hader der Parteiungen entrückt sein könnten und ihre objektive Beweiskraft genügend zu Wort kommen könnte. Aber immerhin kann man die drei Tempi erkennen, von denen oben die Rede war, wenn man keine exakteren Ansprüche an die Ziffern stellt als die einer ganz rohen und vorläufigen Andeutung in einem ungeklärten und störungsreichen Gebiet. Unter diesen Vorbehalten ergeben sich für die Kaufkraft der deutschen Geldes gegenüber dem ausländischen Werte, von denen einige in der Fußnote auf Seite 22 herausgegriffen worden sind; und zwar folgen sie von 1919 bis Mitte 1922 ziemlich genau der Formel (V) für $k$, wenn man dabei in Rechnung zieht, daß auch die meisten ausländischen Währungen zeitweise Kaufkraftverluste durch Noteninflation erlitten haben (Tempo II). In der Zeit vor 1919 liegen aber die tatsächlichen Werte erheblich unter den invarianztheoretischen (Tempo I) und auch zwischendurch ist immer wieder das Bestreben zu erkennen einer Hinnäherung zu der früheren Parität. Seit der Mitte des Jahres 1922 tritt aber die Entwicklung der Valuta ersichtlich in eine neue Phase; die fremden Devisen gehen in ziemlich jähem Anstieg bis zum abermals das 20- bis 30 fache hinauf auf das 1000- bis 2000 fache der Friedensparität (Tempo III). Es verlangen die Umlaufsverluste ihr Recht, die nach Formel (X) die Wurzel aus der Geldvermehrung betragen, d. i. bei einer 100 fachen nochmals das 10-fache, bei einer 200 fachen etwas mehr als das 14 fache. Wenn wir uns auf dieser Stufe nur mit einer Übereinstimmung der Größenordnung ($10^3$) begnügen, so darf das hier, bei diesem ungefähren und vorläufigen Überschlag nicht wundernehmen; zu einer genaueren Untersuchung ist das Material noch nicht durchgearbeitet, wir haben hier keine Feststellungen über den virtuellen Zins und es ist in dieser allgemeinen Zer-

## 14. Wirtschaftskreis und Valuta. Erklärung einiger Anomalien.

rüttung des Finanzwesens schwer festzustellen, zu welchem Zinsfuß das deutsche Nationalvermögen faktisch verzinst wird; lauter Faktoren, die bei der Berechnung der Umlaufsbeschleunigung entscheidend dreinreden.

Aber eine Feststellung dürfte wohl nicht voreilig sein: daß es nämlich die Abkehr von den deutschen W e r t e n ist (nicht bloß von dem deutschen G e l d allein), welche diese neuerliche Steigerung verursacht hat. Denn nach Seite 45 sind bei jährlichen Invarianzperioden die Schädigungen aus dem Verluste an der Geldmenge $m$ (bzw. $b$) verschwindend gegenüber den Verlusten aus $(D + m) \cdot k \cdot a$ durch Zinsverlust[1]), und das in letzter Zeit allgemein grassierende Spekulationsfieber, die Jagd nach Gold- und Sachwerten zeigt in der Tat, daß es sich zum geringsten Teile um die bloße Flucht vor dem entwertenden Bargeld handelt (das ja schnell von einem zum andern geht), sondern daß das Bedürfnis nach einem wertkonstanten Sparmittel, nach konstant rentierenden Anlagewerten die Triebfeder ist. In der Praxis wird also die bloße Aufrechterhaltung der Verzinsung, die als $K$-Wert an denselben Zuschlägen teilnimmt wie alle Ziffern des Wirtschaftslebens, weitere Geldentwertungen verhindern, während die Aufzahlung von Zuschlägen für deponierte Geldmengen derart kleine Beträge ausmachen wird, daß sie volkswirtschaftlich gar nicht in Erscheinung treten werden. Die gleitende Währung liefert also nicht nur ein invariantes Zahlungsmittel, sondern auch ein invariantes S p a r m i t t e l.

---

[1]) Wollte man auch da die Verluste an $m \cdot \Delta K \cdot a = m \cdot k \cdot \Delta U \cdot a = m \cdot k \cdot a\,(U - 1)$ durch Zinserhöhung ausgleichen, so müßte $m\,k$ mit $\alpha = a + \bar{\alpha}$ amortisiert werden, wobei $\bar{\alpha}$ den Amortisationszuwachs, $\alpha$ die gesuchte neue Amortisationsrate darstellt, welche den Verlust durch Umlaufsbeschleunigung kompensieren soll; es ist also

$m\,k\,\alpha = m\,k\,a + m\,k\,\bar{\alpha}; \; m\,k\,\bar{\alpha} = m\,k \cdot a \cdot \Delta U = m\,k \cdot a \cdot (U-1)$
$m\,k\,\alpha = m\,k\,a\,(1 + U - 1) = m\,k\,a \cdot U = m \cdot a \cdot K.$

Da aber die Verluste aus den $(D + m)$ durch Aufrechterhaltung des ursprünglichen Zinsfußes kompensiert sind, ist $U$ aus der Differentialgleichung ($1\,\alpha$) S. 40 unter Weglassung des letzten Gliedes zu berechnen, d. h.

$$U = e^{\frac{p}{m} \cdot \frac{q}{u-q} \nu}; \; \alpha = a \cdot e^{\frac{p}{m} \cdot \frac{q}{u-q} \nu} \text{ nahe } = q,$$

so daß der Zinszuwachs bei der Größe der $u$ und der Kleinheit der $q$ keine Rolle spielt.

Printed by Libri Plureos GmbH
in Hamburg, Germany